U0850856

品　质　源　于　责　任

2013年4月24日，四川雅安灵关镇中学，地震后开裂的教学楼墙体。新京报记者 侯少卿 摄

编委会

主　　任　戴自更

编　　委　王跃春

何龙盛

王　悦

王爱军

刘炳路

主　　编　王跃春

执行主编　曹保印

编　　辑　赵勇力

特邀研究顾问

（按姓氏笔画排序）

吕　艺　北京大学新闻系主任

吴　飞　浙江大学国际文化与新闻传播学院院长

张树庭　中国传媒大学MBA学院院长

陆小华　新华社中国新华新闻电视网总编辑

范以锦　暨南大学新闻与传播学院院长

陈昌凤　清华大学新闻与传播学院副院长

展　江　北京外国语大学国际新闻与传播系教授

徐　泓　北京大学新闻与传播学院常务副院长

高　钢　中国人民大学新闻学院党委书记

童　兵　复旦大学新闻传播学院教授

蔡　雯　中国人民大学新闻与传播学院副院长

THE BEIJING NEWS MEDIA RESEARCH

新京报 传媒研究

新京报传媒研究院 主编

第二卷

南方日报出版社
NANFANG DAILY PRESS
中国·广州

曹保印　执行主编

敬畏生命

2009年秋天，“5·12”汶川地震一周年后，我曾自费从北京出发，到四川、甘肃受震灾影响严重的地方考察。一来，寻找创作灵感，为灾区的孩子们写一本温暖的童话书；二来，捐赠《风雨彩虹：5·12地震灾区儿童绘画集》，这是我主编的公益画册，收入了200多位灾区孩子的绘画作品，以此抚慰他们曾经受惊、受伤的心灵。

在成都的建川博物馆，我看到了经过艺术处理的灾区废墟，看到了刻有逝者姓名和照片的“人墙”，也特意去看望了那头极有名的“猪坚强”。当时的“猪坚强”，“工作”和生活条件非常优越，有自己独立的“办公室”和同样独立的小院，还有一位专职工作人员侍候饮食起居，早已被养得肥头大耳，正在努力减肥，以利健康长寿。

数天考察下来，我对“活着”有了极深刻的感受，更对“生命”有了全新的认识。回顾汶川地震期间自己看到、听到的大量灾难报道，以及自己亲手撰写、编辑的灾难评论，两相碰撞之下，更感觉“生命”之于灾难报道的核心价值。无“生命”观照的灾难报道，不仅无意义，而且无价值。因此，所有的报道都需要从生命出发，再回到生命。

事实上，“灾难”二字，本身就是相对“生命”而言的；否则，地震只是地壳变动，海啸只是海水波动，其他所有的所谓天灾，都只是再正常不过的自然现象，无所谓“灾”，更无所谓“难”。只有理解了这一点，才可能会让新闻本身也具有生命力，富有感染力。于是，2013年7月，当我为写作一本新书，而重新阅读汶川地震期间《新京报》推出的《逝者》《活着》特刊时，才真正有“温故而知新”的感觉和收获。虽然事隔五年，但依然会被特刊中“人”的故事深深感动，依然会为逝者哀伤，为生者微笑。只有生命，才能打动生命；只有生命故事，才能启发生命思考，也才能历久弥新。

2013年4月20日清晨，四川雅安发生7.0级地震。这一天，正好是周六，我和孩子本打算去郊外的公园玩，帐篷都已经装上了车，但地震的消息突然通过网络、电台、电视，潮涌般闯入了本来宁静、休闲、温馨的周末生活。出于传媒人的职业敏感，我预感到，这必将又是一次新闻报道的重大战役，也必将又是一次研究灾难报道的重要契机，有很多珍贵的传媒研究素材，却又往往会转瞬即逝。

毕竟，和2008年汶川地震时相比，2013年有了更多基于新技术的传播媒介，最典型的莫过于微博、微信这些“微”介质。而为了“抢”新闻、“拼”信息，越来越多的传统媒体，也必然会在第一时间选择“微”介质发布新闻报道。与此同时，借助新技术应运而生的自媒体，也必然会通过各种形式，和传统媒体相互配合、补充，甚至在有些选题和时间节点上，江湖逐鹿。事实上，雅安地震消息传出20分钟后，我就在自己的自媒体CAOTV上发布了视频评论节目《紧急关注雅安地震》，并在一天之内，先后发布了五六条视频评论节目。

果然，媒体对雅安地震的报道，在随后的日子里，呈现出越来越多的新形态。在这些报道中也出现了越来越多颇具争议的话题，比如志愿者该不该尽快进入灾区，所谓“最美新娘”女主播是不是做秀，祝福与祈祷的微博、微信要不要大量发表，灾难报道能不能娱乐化与自我表扬化……相比媒体对汶川地震的报道，媒体对雅安地震的报道虽然在操作技巧上更成熟了，在操作效果上更出色了，在操作模式上更从容了，连深入灾区的记者的工作和生活装备都更专业化了，但是也出现了不少涉及媒体伦理、媒体操守的问题，网络上对这些问题的批评越来越多，越来越尖锐，要求媒体人批评与自我批评的声音高涨。

为什么会出现这些问题？当媒体报道雅安地震的新闻大潮退去之后，在时间的沙滩上，我们很容易就能捡到一枚又一枚破损的、易碎的、空空的甚至不那么干净的、肮脏的“新闻贝壳”，这些“新闻贝壳”无一例外地缺少一个最重要的内核，那就是“生命”。这些“新闻贝壳”关注的不是灾区里正经历苦难的生命，而只是为新闻而新闻，为报道而报道，甚至不惜用重要版面、时段，表扬与自我表扬：“看，我们进入灾区了！”这样的做法，只会引发公众的反感与愤怒，不但达不到抗灾救灾赈灾的效果，反而会影响抗灾救灾赈灾。

对此，你可以说有些媒体不成熟，但我也可以说这些媒体“太成熟”。它们不知道灾区苦痛的生命最需要什么，却非常清楚自己在灾区报道中最需要什么——不是最有价值的抗灾救灾赈灾新闻信息，而是最能让自己“长脸”的表扬与自我表扬的政绩宣传，但它们并不知道，这样的做法，不仅不能让自己“长脸”，反而会让自己“丢脸”。当然，这样的媒体毕竟是少数，并不具有代表性，尽管它们所造成的恶劣影响，将会长时间留存在公众的记忆里，并伺机复活。

从2008年汶川地震到2013年雅安地震，包括香港特别行政区、台湾地区在内的中国媒体，在灾难报道技巧方面，的确取得了长足的进步，很多带有规律性的经验可以传承，但也毋庸讳言，我们对灾难报道特别是对地震报道的能力与水平，与国际一流传媒界还有很大的距离。很多“敬畏生命”的理念还没有真正融入媒体人的血液，在日常工作准备特别是历史资料的搜集、整理、研究上，还存在诸多临阵磨枪的问题，以至于常常会出现疲于奔命的现象。

为此，本期杂志邀请新京报网副主编李素丽对话著名媒体人钱钢，请他为年轻的媒体人们支招；特邀新京报视觉部主编陈杰、外交学院教授周永生、台湾联合报记者赖锦宏撰写日本和台湾地区媒体之于灾难报道的经验、理念与操作模式；特邀国家应急广播中心记者温秋阳撰写芦山应急电台的探索实践。希望借此拓宽媒体人的灾难报道视野，提升媒体人的灾难报道理念，让“生命”成为灾难报道的灵魂。

在本卷中，特别值得一说的是，章道义撰写的《我所知道的范长江之死》。这篇珍贵的史料性文章完全出于偶然。2013年4月份，新京报做了一次大范围的读者问卷调查活动，借此了解读者对新京报的意见和建议，为一年一度的改版提供参考。就是在这次活动中，我们收到了章道义附在调查问卷后的文章，他以亲历者的身份，回忆范长江之死，并质疑此前有媒体刊发的范长江之死的前因后果。阅读之后，我们决定立即刊发，这既是对读者热情参与调查的回馈，也是对事实与真相的渴求与尊重，因为它同样关乎“生命”。

自本卷开始，《新京报传媒研究》调整为双月出版，特此说明。

新京报传媒研究
新京报传媒研究院 主编
2013/10 第二卷

目录

特别聚焦

SPECIAL FOCUS

灾难报道2.0

4月20日清晨，四川雅安发生7.0级地震。这场突如其来的灾难，再次引发了国内外媒体的关注。与五年之前的汶川地震报道相比，中国媒体人表现如何？在新媒体日盛的今天，中国的灾难报道又呈现了怎样的特点？面临灾难，日本和中国台湾地区的媒体人又是如何操作的……本次专题试图通过对“灾难报道”在媒体报道理念、操作准则、传媒伦理等问题的全面梳理，为你一一寻找他们的答案。

专|家|访|谈

钱钢：地震报道 功夫还不够

李素丽

钱钢（左）与李素丽（右）

4月20日上午，雅安地震的消息传出后，正准备给学生上课的钱钢，关切地询问地震的等级和具体伤亡情况。

5月11日，汶川地震5周年前夕，钱钢给同学们布置了一道作业题：预测第二天几大媒体对汶川地震5周年如何进行报道和评论。

其著作《唐山大地震》影响深远，钱钢关注地震、报道地震、研究地震，与地震有着“震不断”的联系。

一、媒体报道灾难的异同

一边是党疼国爱　一边是专业精神

李素丽：唐山、汶川、雅安，这三次大的地震，媒体在灾难报道方面，你觉得总体的表现怎样？

钱　钢：21世纪以来，中国记者好像跟地震结下不解之缘。首先是印尼的地震海啸，发生在2004年的圣诞节后，很多中国媒体去采访了。接着是2006年，纪念唐山地震30周年，把媒体都卷进去了。所以中国年轻的记者，自己可能还没有亲身经历过地震，说不定已经参加过两次地震报道了。

其实从“唐山”到“汶川”之间，还有过一些地震，比如1996年的云南丽江地震。但是，那个时候大多数媒体还没有自觉地去总结。

到2008年汶川地震之后，媒体地震报道的经验已经蛮丰富了，包括之后的玉树地震，还有一个虽然不是地震，但非常接近，就是舟曲泥石流，一直到今天的雅安地震。

李素丽：具体比较来说，有哪些不同呢？

钱　钢：纵向对比，大的不同是很明显的。唐山地震时，当时媒体很少，大家主要不是从媒体得到关于灾害的信息。我在地震8年以后才去追访，10年以后写出《唐山大地震》，还能够成为新闻，这是冰冻新闻的解冻效应。

比如说，唐山地震的死亡人数，并不是我第一个披露的。那是新华社的记者在地震3年后参加一个专业的会议，发出电讯稿，说唐山死了多少人，但是没有多少人注意。从这里可以看出传播的格局不同，大家对一个已经披露的事实都还不知道。等到我再写的时候，只是把这个数字拿出来

《唐山大地震》中文版及英文版

再说了一遍而已。当然，其中绝大多数东西是从来没有说过的。

到了汶川地震，就有很多的不同。大量的市场化媒体，或者说有专业精神的媒体人，他们关注生命，关注对于救灾体制的完善，关注公民社会的建立，也关注灾后能不能形成社会新的生命力。

新的生命力在汶川地震时是非常明显的，就是个人的捐助、NGO的活动。这是在唐山地震绝对看不到的。但雅安地震还不好说，我还没有特别研究。

李素丽：说到"关注生命"，记得2008年，你做过一个统计：1976年唐山地震发生后头10天，《人民日报》关于地震的报道，用了"生命"这个词的，总共是7篇；而在汶川地震的头10天，同样的时段，《人民日报》提及"生命"的地震报道有149篇。

钱 钢：那组数据，是2008年做的，未必有多大的说服力。回过头来再看，真正有意义的，倒不是《人民日报》本身什么说的多、什么说的少，最主要的是横向对比，把所有中国媒体做一个宏观的鸟瞰，市场化媒体和党媒的倾向是非常明显的。

市场化的媒体有"寻亲""民间"这些词语，党的媒体就是"感谢党"等类似词语。确实可以看出一点区别，即"话语色彩"是不同的。当然也有一个，市场化媒体和党媒用得都很多，那就是"解放军"这个词。

汶川地震时，党媒首先宣扬的是党疼国爱。但是大量的媒体，还是本着一种专业精神，去做地震报道。首先做的是抢救，抢救完了以后就是对于救灾体系的追问。

前不久的厦门公交纵火案也是这样，《厦门日报》最迅速地把这个灾难话题转换成歌颂、颂扬，而且这个颂扬是制度颂扬，这是不得了的。

当然，党媒跟过去也有不同，就是声音多元化了。但是做着做着，你就会发现，它们都在说“奇迹”。后来我看不过去了，在《南方都市报》发表一篇文章——《最后一搏！为生命，不为奇迹》。我说这是为了生命，而不是为了奇迹，想搞奇迹的话，就是在镜头前面做秀，这是非常不好的。

党媒的收尾、结论，还是要说社会主义体制的优越性。一年以后，对于灾后重建的总结，也都是在说这些。

二、如何避免消费苦难

人的性格不一样　时代也不一样

李素丽：汶川地震以后，你在媒体和博客中发表了很多提醒类的文章，救命是最要紧的，要“以人为本”，关注人性。当时，《新京报》刊发评论，建议“全国降半旗为死难者致哀”，还做了两个特刊——《逝者》和《活着》，关注的都是生命和人性。

关于“人性”的话题，有些读者会觉得，刚刚经历了大灾难，记者去采访这些人，让他们讲述凄惨的过程，就像揭伤疤一样，这是不是太不人道，是不是在消费他们的苦难？

你当时回访唐山大地震，是8年以后，亲历者的伤口已经逐渐愈合，是不是会好采访一些？

钱　钢：当年也有这个问题，虽然过了8年，当时很多唐山人跟我讲完了自身的遭遇，但不让我写。出了书以后，有非常多的唐山人说这本书我要买的，但是，买了自己不看，压在箱子底下，给子孙后代。

李素丽：他们是不忍心看？

钱　钢：有非常多的人是不忍心的。不过，人是有不同情况的，有一些人愿意讲。另外，那个年代的人，生活更加艰辛，人的情感其实是比较粗糙的，尤其是唐山人。

当时我采访很多人。“你家咋样了？”“没事儿，就没了俩。”给我开车的那个女司机说这话时。你会觉得不可思议，心肠好硬啊，但这都不奇怪。

唐山是个煤矿城市，它是在瓦斯爆炸的警报声里，一代又一代人这么活过来的。过去的电影里，你看警报一响，女人们就发疯似的冲到井口，看丈夫有没有活着上来。煤矿城市的灾难是非常多的，所以唐山人的性格里面有非常硬的一面。

钱钢在唐山采访当年报警的矿工李玉林。

然而到了现在，时代不一样了，人的性格也会不一样。你说的这个问题是应该注意的，就是不能消费苦难。

李素丽：记者在灾难现场采访，如何把握这个度呢？

钱　钢：这个度并不那么清晰，什么能消费，什么不能消费，什么是你应该做的，什么是要到此为止的？我们只能从很具体的事来判断。

贺延光曾说过，他看到那么多死人的时候，拍过很多生命逝去的全过程，但是从来没有展示过一张脸，因为这是新闻摄影记者职业的一个准则——不可以展示死者的脸。

很多事情，更不能带着猎奇心去夸大它，那就变成消费了。就我个人来说，最不能容忍的就是正在救灾时，记者去采访废墟里被埋的幸存者。在汶川地震时，就有这种情况发生，这是非常恶劣的。这时应该全部肃静、全力救人，这个过程也许非常残忍，很可能当场要决定做手术截肢。救人时，速度是非常重要的，让医务人员在第一线，媒体要往后撤。如果媒体一哄而上，又有很多聚光灯，这是一种干扰。这种情形下，媒体不要去抢什么新闻，更不能消费苦难。

至于被采访对象愿不愿意谈，这个要从实际情况出发。说实话，内地的同行朋友很少跟我提这个问题，香港的同学提这个问题最多。香港人生活在比较好的环境里，他觉得去采访一个人的苦难，可能是说不出口的。而我们内地的记者跟生活苦难比较接近的，我们跟那些矿工在一起时，不会觉得有那么多忌讳，坐在炕上就唠了，聊着聊着就说出来了一些事情。

三、怎样采写好故事

要相信真诚、诚实

李素丽：地震灾难报道实际操作中有一个问题，就是如何讲故事。唐山大地震，你回访了好多人，也写了许多让人难忘的故事。汶川地震时，也出现了一些令人印象深刻的报道。但是到了雅安地震，我发现有些读者说视觉疲劳了，甚至觉得这些报道，是在煽情。

钱　钢：是不是可以这样讲，其实还是因为读者有很大怀疑，对于任何的虚假有排斥，甚至是过度排斥，他首先是不相信。他既不相信党疼国爱，也不相信人间有大爱，他在漂移。

但是要相信一点，最终如果你是真诚的、诚实的，不一定用很多煽情的笔法。因为人还是关心人的，要恰如其分。有时你稍少一点，反而他就关心了，太多他可能就不关心了，铺天盖地，他就害怕了，就觉得被你绑架了。

另外还要考虑，这个故事之外所负载的东西是什么。官方媒体肯定要负载宣传，但是我们这些非官方媒体，可能还有另外一种负载，通常为了打动读者，还想负载一种道德、亲情、励志……但是这个念头是不能太多的。要知道读者是在变的，读者的趣味也在变。

四、何时适合反思

要把情况搞清楚　媒体需要下功夫

李素丽：人性也有恶的一面，《唐山大地震》里，我印象深刻的就是那段抢劫风潮，一个老妇人去不同的地方哭一阵，然后就把遇难者胳膊上的手表摘走。

钱　钢：哈哈，给人民群众脸上抹黑了。

李素丽：20多年前你能把这种人性的东西写出来，还是挺不容易的，这其实也是对人性的一种反思。汶川地震刚发生时，是不是有人请你去参加一个会议，要对这场灾难进行反思，但是你却表示现在反思还不是时候？

钱　钢：我需要解释一下背景，不讲背景的话很容易引起误会。地震当天，我跟胡舒立在一起参加一个活动，第二天就飞回香港了。我在机场接到电话，说广州有一个会，要反思。后来我才知道，当时他们讲的有一定道理，第一天晚上在地震现场的记者，已经看到了非常明显的校舍脆性倒塌，主要是聚源中学。他们发现以后，觉得问题太大了，所以要反思。

我当时在电话里就说不要这么急，才一天的时间，因为72小时都没有过。

李素丽：因为当时还是黄金救援时间。

钱　钢：我回去后，当晚就写了文章发在《南方都市报》，表示“现在是解民于倒悬的关键三天”，反思是要做的，但不是现在，这三天不要去做。

结果引起了朋友们的不高兴，说这是应该反思的，没想到钱老师也这样。后来，大家觉得我讲的跟“余含泪”（余秋雨）还是很不一样的。因为我紧接着在一篇文章中说，政府要善待灾民，绝不可以乱扣什么破坏抗震救灾的帽子。灾民有意见的时候，你必须善待。

所以，在这个语境之下，我说的是72小时之内不要急急忙忙反思。

过了那几天，再回头来看，政府的压力很大，它不让你说这个，不让你说那个，校舍也不让说，预报也不让说。所以到后来，我也没有任何犹豫，就是仍然要投入到对于校舍的追问。

李素丽：媒体操作过程中也会考虑报道时机的问题，担心一开始不去反思的话，可能之后就不允许反思了？

钱　钢：这确实是两难的问题：灾难之后的头一个礼拜就想反思，但未必做得出来，因为好多问题都还没搞清楚。

所以就需要媒体在反思之前，一定要先“做好功课”。从职业角度说，其实这是非常复杂的，需要记者去学习。比如，我跟很多记者聊，其实他们并不知道什么叫“烈度”“震级”，这两个概念的区别是什么，都还搞不清楚。

我们要反思，但是记者本身要先具备“反思的能力”。

还有一种方法，就是反面文章正面做，比如新华社记者朱玉采写的“最牛校长”叶志平的故事。文章写得特别好，从这个故事里面你也可以看出紧急逃生、校舍建设很多问题。

我个人觉得，咱们的媒体有时是疲于奔命，疲于应付，其实功夫下得还不够多。

五、捐赠为何不信红会

不是麻木　而是对体制的心理反弹

李素丽：刚才你也讲到了，汶川地震时的公民意识，个人捐助、NGO的活动凸显。但是雅安地震这次出现一个情况，红会募捐，网上很多人就回复一个字：滚。这是红会自身的问题，还是大家对地震已经麻木了？

另外，香港有些人以“内地善款缺乏监督”为由，担心善款被挪用，甚至有网民发起“一毫子都不捐”运动。

钱 钢：我认为这不是麻木，这些都是民众对于我们慈善机制不健康的一种心理反弹。

记得当时我们到汶川参加重建，到茂县的当天晚上，暂时还联络不上任何一个政府机构，只能住一晚，第二天才联系。但是当地的政府说不行，不能住，上来查证件。说是因为这个地方靠近藏区，对民族分裂分子要警惕。

我当时很生气，这是干什么？这样谁还有热情来帮助你们？我们师生筹集的钱，想到茂县给羌族人做点事情，重建一个碉楼，铺一道水管，这是很简单的事。可他们这样做，不能不让人寒心。

李素丽：香港媒体对于地震灾难的报道，你觉得有没有内地媒体可以借鉴的地方？

钱 钢：应该说不是太多。香港媒体处在一个相对言论自由的环境里面，在地震以后，对于校舍倒塌问题是穷追猛打，从来不停的。可话又说回来，如果用更高的标准真正地深入调查报道，并且有知识积累的，香港媒体做得还是不够的。香港记者一个最大的问题，就是商业压力之下很难做长线的报道。

六、灾难报道怎么做长线

由专人长期来做 研究灾害和突发

李素丽：说到长线报道，比如说，唐山大地震你关注了10年，然后写了一本书，那媒体关注灾难性报道，有没有一个方法或者角度长期来做？

钱 钢：像《新京报》这样的媒体，真的值得设置专人来做这方面的研究，这个人可以不研究别的，只研究灾害和突发事件。这样的人，年龄大一点不要紧，他就是丰富的资料员，是一个百宝囊，可以给你提出他的资料支持、资讯支持。他本身也不一定是专家，但是他知道谁是专家，知道遇到难题时找谁，并且有这些人的联系方式。

另外，有志有为的记者，自己要成为自己的“资料室主任”。因为如果记者完全不懂，靠这位资料员给他提供再多信息，也没有用。

李素丽：长期关注，需要从哪些角度入手呢？

钱　钢：比如中国东部地区已经很多年没有发生大地震了，这绝不是什么好消息。如果从黑龙江到云南划一条斜线，95%的人口是住在东边的。

所以从现在开始，报社里的记者或者资料员就可以开始关注了。关注什么呢？比如《新京报》可以关注首都圈的防灾减灾问题。首都圈是一个大范围，而这一区域的灾害则需要高度重视，不仅是地震，还有其他的灾害。

要知道，在防灾减灾方面，唐山地震之前，是有科学家专门从事这些工作的，在1974年，国务院的69号文件就圈划了7个省市重点设防。那个时候，要比现在更加胆大，到处都有科学家在做科普，在宣讲，告诉大家地震来了以后该怎么办。

李素丽：就是所谓的“群防群测”？

钱　钢：是的，群防群测就是这么来的。我曾看过一份材料，说如果没有那两年的预防和工程加固，唐山地震发生时北京天津要出非常大的事。

在地震研究领域有一个概念叫做“西七东六”，即在这条线（黑龙江到云南一线）西边的7级地震，和东边的6级地震是相当的，甚至于6级要大于7级。我们不妨设想一下，在江苏任何一个地市发生6级地震，它的动荡一定比这次雅安还要厉害。房子倒不倒是另外一回事，社会一片混乱则是肯定的。所以中国东部预防地震显得尤为重要。建议媒体应该找一些科学家经常给采编人员讲一些地震知识。

另外，媒体平时应该多传播一些常识，让更多人了解在灾难发生后，应该如何开展自救与互救。这方面，美国的加利福尼亚州做得就非常好。因为它是一个地震多发区，所以当地宣传册子的主要内容就是“下一个大地震发生时，你应该怎么逃，平时该怎么做”，都跟你讲得很清楚。

七、媒体如何应对突发

制定报道预案和操作手册

李素丽：汶川地震时，你发表了许多及时提醒的文章。但是雅安地震，你好像不太爱发声了，有什么样的考虑吗？

钱　钢：倒没有什么特别的考虑，我还是有判断的。这次雅安地震，最初的时候，我也在微博上看到一线记者传回来的文字和图片，其中冷静的声音还是比较多的。灾难发生后，建议记者在报道时，也要关注次生灾害，譬如日本海啸后，核电站带来的危害随之而来，这是需要大家高度重视的。在学术上，这被称为“灾场”，灾场不只是指地震这一个维度，也包括社会的动荡，次生灾害的危险程度及其波及面。所以对灾场要有判断，媒体不要轻易头脑发热。

李素丽：说到日本地震，你对日本媒体如何报道地震有了解吗？

钱　钢：就在日本“3·11”地震前两个月，应北海道大学的邀请，我刚刚去过日本，并有幸到当地报社、电视台了解了他们的地震报道预案。

众所周知，日本经历过多次大地震，媒体对地震报道有一套完备的手册，地震到什么等级，需要部门主任决策；到什么等级，需要总编辑坐镇；什么样的级别，可以派人，派多少人等，手册一翻，就知道该怎么办。

日本并没有比中国更高的地震预报水平。大家有一个误解，说日本可以发出地震预警。其实这个预警是狭隘意义上的，并不是真正的地震预报，而是当地震已经发生时，地震波的传导有一个时间，而电波的传导、手机短信的传导，比地震波要快，就是利用了这个时间差，可能有十几秒，也可能几分钟，使民众在地震波还没有到时，就知道要地震了。这时如果从房间里逃出去，还是来得及的。

另外，由于日本不太大，因此NHK等电视台在许多关键的地方都安排了摄影头，一地震就可以看到实时的场景。所以地震一旦发生，电视台便会立即在屏幕上打出哪里发生几级地震的信息，同时，手机短信也会立刻收到相关信息。

日本防范地震的措施也是非常完善的，全社会都一直在做充分的地震防范和预演应急。譬如在东京，在皇宫里就有若干个点，被规定为地震和灾害发生后的避难所。整个城市也有很多避难所，而且在平时也可以用。如果有人深夜下班没有车了，交通工具停运，可以到避难所临时滞留。另外，日本的自动售货机，在发生地震后，也会自动转成免费。

八、如何利用新媒体

让新旧媒体的融合发生作用

李素丽：还有一个问题是关于新媒体应用的，汶川地震时还不是特别明显，到了雅安地震，微博上消息传播特别快、特别多。在新媒体时代，传统媒体有压力，去做灾难报道，能够提供哪些独家的东西或者是独到的地方？

钱　钢：我觉得，5年内都还说不上传统媒体可以退位。因为如果地震发生在较为偏僻的地方，新媒体是没有优势的。比如说矿难。

还有一些采访，专业技术性要求特别强，如果不是训练有素的记者去调查的话，很多信息可能是不真实的，或者是没有价值的。比如到底这个灾害是什么样的，死了多少人，房子是怎么垮的，里面有什么经验教训……如果传统媒体不派出得力的记者，这些信息是无法得知的。

当然，新媒体也有很大的好处，比如有人在网上爆料，说灾区哪个地方缺东西了。但也需要媒体对这些信息进行鉴别与整合，如果不这样，你会发现灾区到处都缺东西，会发生更大的混乱。

新媒体的好处不用多说了，现在是融合媒体的时代，新媒体和传统媒体的融合在发生作用。比如像王克勤，跑到了舟曲泥石流现场，并通过自己的博客和微博配合在一起来发布一些信息。这时你看到的是一个训练有素的、有经验的老记者在前线，而他也运用了新媒体的手段。王克勤还在腾讯网上，与网友进行了互动问答，不是简单地感慨或者满足网友好奇心，而是变成了信息的汇集与事实的查证。这是真正的“调查2.0”。

我觉得应该这么讲：新媒体当然是好的，但是不能总是对其进行简单而浪漫的描绘，把它不断地夸大。这很不靠谱。

李素丽：这一点，《新京报》也有深切的体会。“7·23”动车事故时，我们的记者正好在出事前一班列车上，但是当天晚上我们编发的一个事发过程的稿子，主要是后方记者通过微博，采访事故亲历者、目击者等，是通过多方整合的。记者虽然在前方，第一时间到达现场，已经尽力采访，虽然也获得不少信息，但反而是后方发挥了汇集、采访、查证多方信息的主要作用。

钱　钢：这适用于报道发生在人口密集、通信畅通的地方，波及面很广的突发事件或者灾难。例如2007年“7·18”济南暴雨，这时QQ可以发召集令。可以通过新媒体的工具，来多角度地查证事实，让事实变得立体。这一点非常重要。

我们也可以设想一下，如果非典发生在今天，是有可能通过新媒体来发现疫情的：东一个病人，西一个病人，东一个医院，西一个医院，我们就可以通过这些信息的汇总来了解疫情。但仍然有问题，疫情中深层次的问题还是解决不了，还得需要传统媒体，还得需要像柴静这样的记者，穿着隔离服跑进去进行采访报道。

李素丽：现在传统报业也有压力和疑问——还有没有人在看报纸？

钱　钢：其实报纸只不过是我们用的一个载体，我们做的是内容，明天《新京报》不用这个载体了，只要有训练有素的人，仍然做内容，用什么载体那是另外一个问题。

李素丽：就是说即使“纸”没了，但是“报”还在？

钱　钢：对，现在问题只是说其他载体能不能给你获得像报纸那样的盈利，形成盈利模式。这个模式有没有呢？我认为是有可能的。新媒体的问题，我不太愿意加入盲目歌颂，我从内心反感任何一种大跃进式的狂热。

（作者系新京报网编辑部副主编）

钱钢有丰富的报道地震、研究地震的经验。在他看来，一个好的记者，要有非常强的资料观念。他从自己的切身体会，向从事地震报道的年轻记者，真诚地提出了一些建议。

怎样做一个好的地震报道者

钱　钢

做自己的好资料员

一个好记者，首先是自己的好资料员，要有非常强的资料观念。作为一个记者，在工作中，你如果注意长时间的积累，手里就一定有非常多的资料。当你遇到事情时，心里便会有底，会比较冷静。

20世纪80年代，我对于地震的了解就已经非常熟了，后来又到国家地震局工作，在《中国地震报》（后更名为《中国减灾报》）任执行编委，当时跟地震专家们天天在一起。他们告诉我说，中国人有一个传统，就是信史，而可信的历史，必须言之有据。

中国是全世界留下地震资料最详实的国家，我们有四五千年的地震资料。中国最老的古籍里，地震是属于非记不可的内容之一。为什么？因为在中国古代的君王看来，地震是异象，所以要求必须记，它的时间、地点记录都是准确的。有一本书叫《竹书纪年》，这本书后来经过中国科学家重新注释，从中可以获得非常多的中国地震史知识。国家地震局的专家一再强调，“必须要抓事实，并且要考证该事实。”这句话对我的影响很大。

到了90年代，我们组织了70多人，编写了一本《20世纪中国重灾百录》，书中记录了从1900年到1998年，中国100个重大自然灾害。虽然这本书文笔不统一，水平也参差不齐，但是对我来说这是一次非常宝贵的经历。我们毕竟把这100年的自然灾难，在科学家的指导下，认真梳理了一遍，并且对于这些灾害的死亡人数、财产损失、社会动荡及其影响，我都非常清楚了。

这一资料在汶川地震时，为我撰写相关评论提供了很多便利。记得在北川堰塞湖还没有发生时，我就写了一篇关于地震湖的历史教训的评论文章，发表在《南方都市报》上。当时我还不知道“堰塞湖”这个词，还叫它“地震湖”。这是因为在1933年，也是在汶川附近的一次地震（叠溪地震），造成了当时中国最大的堰塞湖。而这一堰塞湖的崩溃造成了巨大的水灾。

所以一个记者，如果在资料上下很大功夫，长期积累，到用的那天，你就会得心应手。所以这种功夫必须要下，而且你还要学会触类旁通，自学能力要很强。

善于发掘、利用资料

2009年，“5·12”汶川地震一周年之前，我在网上搜索发现，在“5·12”地震之前，在整个汶川地震的灾区，曾举办了若干次重要的抗震演习，其中德阳市的抗震演习和防震减灾知识竞赛，都是在2008年的4月份举办的。

我于是反面文章正面做，写了一篇名为《值得参考的一次防震知识竞赛》的文章，并刊登在《南方都市报》上。其中隐含着很多问题，最主要的是：怎么会有这么一个地震演习呢？

然后我就继续追，写了一篇《请解密一份关键的防震文件》，这一份文件指的就是《国务院关于加强防震减灾工作的通知》（国发［2004］25号）[注1]，我发现，实际上在汶川地震以前，这次地震的灾区都已经被国家圈点为重点设防区了，网上是可以查到四川省政府关于落实“国发［2004］25号”的相关文件的[注2]。值得注意的是，这一通知中，提到了要“及时改造和加固各级各类危、旧校舍”。

所以我建议，如果媒体要去调查校舍安全的问题，可以把这一文件作为线索——这些危险区是怎么圈定的？一系列地震预警预报是怎么样的？

汶川地震以后，我曾经埋头几个月，把所有的相关资料调出来整理，后来写了一篇几万字的《地震预警初探》，文中列举了很多我认为是科学上还没有完全解决的问题，而这些问题，是须由政府、科学界、社会三方合力达成的。

注1：该通知原文并没有公开发布过。

注2：《四川省人民政府关于进一步加强防震减灾工作的通知》，发文单位：四川省人民政府。文号：川府发[2005]6号。发布日期：2005年1月31日。执行日期：2005年1月31日。

多与科学家接触

我们的记者，平时要跟专家多联系。因为现在的记者，普遍比较年轻，对于地震方面的知识，他们大都不太懂，绝大多数都没有跟科学家有过较长时间的交流。

跟这些专家建立了联系，便可以在重要时刻，从他们那里获得一些重要信息。譬如在汶川地震前，就明确指出紫坪铺水库有巨大风险的李有才，是一位退休的地震工作人员，地震前他曾几次呼吁，认为紫坪铺那么多水非常危险，必须放掉一点才能安全。所以在汶川地震之前，紫坪铺水库就放水了。

而这次雅安地震后，《南方周末》刊发了一篇《雅安地震：这一次本来预测中了》，文中提到，这一次地震，不只是李有才，还有几位地震工作者都预测到了，并且他们都按照国家规定的程序填了表，并正式上报到地震局。

另外，在微博上，也有好几位预报地震的人，如果你长期关注的话，平常可以注意对其报告的信息进行印证。

其实地震预防工作，关键不在于只相信某些个人的预报，如果每个人都喊“狼来了”，也受不了，而在于要建立起一套整体的地震预报信息吸纳机制，以服务于国家的地震预警。

文字整理：李素丽

（讲述者系香港大学新闻及传媒研究中心中国传媒研究计划主任）

特|别|专|稿

灾难报道 靠脚还是靠脑子

刘炳路

关于灾难报道，我有两个最大感受：第一，技术的进步，彻底颠覆了传统的地震报道的指挥、思维模式；第二，以往的一些经验，用在今天，反而会成为羁绊。

靠脚走出来的“老套路”

5年前汶川地震时，我还没有智能手机，跟前方记者的联系全部靠发短信。我把在后方查询到的重要信息也都群发给他们，信号时有时无，等有信号时，他们收到短信就会回我，接下来或求证或采访，我们就如同行军作战，记者突进的程度则直接决定了报道的深入程度。

记得当时在将近一个月的时间内，我总共发了八千多字的短信，记录了我们靠脚采访的整个过程，其中有工作安排、也有对焦点的关注。

我们有一名记者叫吕宗恕，5月12日下午就到了都江堰。但第二天便失去了联系，过了一天，午夜零时左右，我突然接到一个卫星电话，对方“哇”一下子就哭了：“炳路，我身边全是尸体，自己带的所有吃的、喝的都分给了灾民，自己也没吃的了。”消失了一天一夜后，宗恕终于联系上了我们，一个大老爷们儿在电话里向你哭泣，我还是第一次遇到。安慰几句之后，他便通过卫星电话，开始详细地描述映秀的震后情况。

2008年5月12日 15:32:02

成都地震已派在当地采访的宗恕和小杨前往，其他记者在汶川有资源的随时提供。小杨和宗恕注意安全！炳路

2008年5月13日 11:59:26

各位兄弟包括胡杰哥哥，今天准备出24个版的特刊，你们今天题目、字数速度报给我，马上开协调会。接下来一段时间，各位现场的兄弟都由我对接。在现场听从胡杰哥哥指挥！炳路

2008年5月13日 16:23:36

大家还要问问为什么倒塌的多数是学校……炳路

2008年5月13日 19:26:31

几位目前联系不到的兄弟，请在前方一有机会就找卫星电话向后方电话传稿，目前安排的对接记者是刘泽宁、陈俊杰。炳路

宗恕和赵亢从映秀向前突进；天宇南下绵阳安县；万国何龙北川；汪诚都江堰；小勇吴江韩萌青川；增勇郭铁流茂县铜钟水库。请各位及时和我沟通并互相照顾和互通有无。炳路

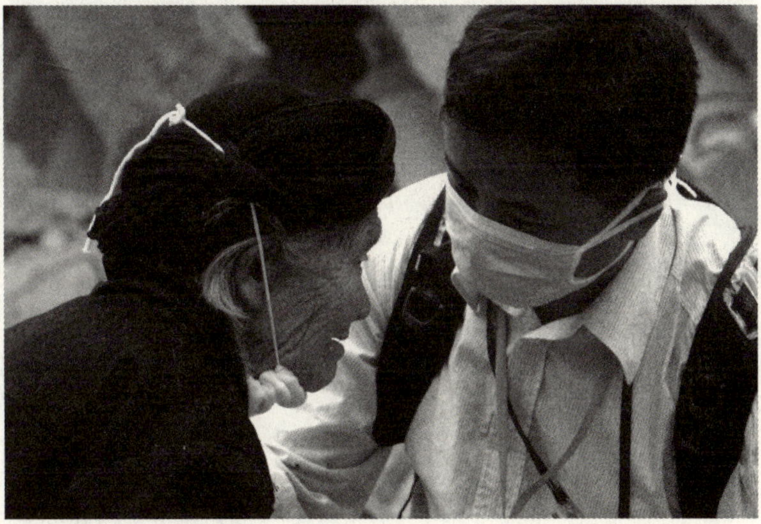

吕宗恕（右）在映秀小学采访。

吕宗恕应该是除新华社和中央电视台之外，最早进入映秀的记者，他走了一天一夜，徒步进入映秀的。所以他比其他记者见证了更多的灾民自

救与互救，更多的学校倒塌情况，更多的灾难原始细节。

我们的另外两名记者——崔木杨和新京报摄影部主编陈杰，于5月17日进入金华镇采访，他们随同被派往搜救的22名空降官兵一起徒步进入三江村。正当部队计划率领被围困五天之久的村民外撤时，却突降暴雨，泥石流阻断了所有道路。他们全被困在山坳里，当时情况非常危急，他俩甚至写好了遗书。

幸运的是，此前陈杰利用自己所携的海事卫星电话，在仅剩一点电的情况下，对外发出了求救信息。18日上午11时，救援直升机抵达，滞留在三江村的87人乘坐直升机安全撤离，完成了一次生命的救赎，也留下了一段关于灾难报道中的生死抉择。

2008年5月18日11时，直升机降落在绵竹市金华镇三江村临时停机坪。 新京报记者 陈杰 摄

我想，新京报所有的前方记者都和他们一样，有着共同的经历，他们在透支着最大的体能，千方百计进入一个个不可能进入的现场，也直面最残酷的灾难带给他们的伤痛。

在此后的“3·11”日本地震中，我们也派出了4名记者。当他们飞到日本，下飞机时发现，有很多国内媒体记者刚下飞机就又上飞机回来了，因为有核辐射，中国驻日使馆也发出了警示。而我们记者选择了留下，讲实话，作为前方记者的统筹者，我是纠结的，一方面是记者的安全，一方面是直抵新闻心脏的欲望，面对我的犹豫，他们选择了前行。他们追近距离核泄漏地点还有20公里的无人区，写出了来自核泄漏核心区的深度报道，并与后方配合，操作了《震痛日本》和《核危机》两个特刊。

通过以上的案例，我们可以发现，从汶川地震到日本地震，包括玉树地震与舟曲泥石流，新京报基本形成了“动态+深度+特刊”的一整套操作模式，由浅入深，逐步深入。总体而言，就是首先要到现场“抓动态”，第二阶段是“做人文”，救灾结束后“做深度”。

抓动态，就是第一时间赶到现场做最新的灾情，最新的动态。之后是做人文，做一些特刊。在汶川地震时，新京报连续半个月左右，每天出号外，每天大概在24个版到32个版，这个过程中还做了两个特刊，一个是《逝者》，一个是《活着》。第三个阶段做深度报道。后方来做议题的设置，再通过前方的记者的努力，来获得更多独家报道。

逝者
哀伤如斯 永铭不忘

《逝者》特刊

靠着记者的拼命精神，新京报成就了很多灾难报道；但直到“7·23”动车事故、“7·21”北京暴雨以及这次的四川芦山地震，仅靠拼就不行了。

信息收集与整合分析的“新模式”

我只是想说，在那个时代，记者靠脚还是可以获得重要信息的，甚至是独家的内容。而随着技术的进步，却逐渐摧毁了信息以传统媒介为主要传播渠道的规律，交互介质改变了传统媒介采集、记录和传递信息的模式。

“7·23”动车事故，我们刚好有一名记者在事故前一列火车上，事发后他在半个小时赶到现场，深一脚浅一脚，冒雨在黑夜采访，在大雨中向后方汇报采访情况，但他的独家现场见闻还不如后方记者电话连线和核实微博信息更多元、更全面。除了连线之外，后方还安排了对撞车事故原因的各种解读，“到底这场事故是什么原因造成的”，从信号，从雷击，从调度等各方面去分析，每天呈现10来个版的报道。

同时，以前擅长的“事故N小时全记录”之类的特稿也不再是优势。比如伊春空难，记者崔木杨连夜赶到现场，一夜未眠采访写就的特写报道成为绝唱，后来陆续赶到的记者对事故的直击都没有超过他，因为他第一时间采访到了乘客及塔台指挥，但是动车事故呢，一夜采访和单方突破还能垄断核心信息吗？很多乘客，已将信息发到微博或者网上了，你需要做的，更多是筛选、分析和再采访。

前不久发生的芦山地震，新京报因为要做汶川地震五周年特刊，我们刚好有6名记者在四川亲历了地震，地震一发生，他们便立刻停下手中工作，全部奔赴现场。我们本以为让他们到现场，能够拿回跟当年一样最重要的东西，后来发现，情况的确与以往不同了。

2013年4月22日，记者朱柳笛在清仁乡采访。

当它们全部扎进震中时，发现伤员都转移到了成都和雅安的医院，故事从他们的目标地转移到了他们来时的路上；他们还发现路堵了，自己也成为堵在路中的一员；他们还发现被堵在路上的还有大量物资和志愿者，而在灾区，是举着牌子要粮食的群众。

这时候的联络也不再单靠短信，还包括微信，他们随时将观察和采访到的信息以语音的方式发在微信上，后方安排了文字统筹记者随时听他们的语音信息，整理并写成报道。

对于灾难报道的深度模式也有些改变，已不仅仅只是“靠脚”了，对于第一手核心信息的采集，这依然是至关重要的，但还需要对次核心信息的整合，还需要专业的分析，再加上体现媒体价值观的包装方式。以前最重要的是核心信息的挖掘，而现在，媒体价值观的输出则更重要。

这次对于芦山地震的报道，在前后方配合下，当天我们完成了200多篇即时新闻，通过微博和报网发出去，很多成了门户网站的推荐新闻，我们从一家早报变成了“全天候全媒体”。

我发现，采访模式改变的同时，选题思路、呈现形式也需要同时跟上。比如，因为赵白鸽秘书的一张照片，让新京报的记者成了著名的“表弟”，并收获几十万个“滚”，我们虽然以调侃的方式辟了谣，但对于危机中的红会，却没有给出对其在此次灾难中从募资到分配的诸多细节的全景记录、剖析。

“表弟”

仅靠人文也不行了。汶川地震时候，我们抢制了两份32版的特刊《逝者》《活着》，尤其是《逝者》，采和编只用了30小时，记录了30个人物、两个家庭、一所学校、一个村子、一座城市的消逝，我们要求不是简单地对一个个死者进行追思，而是要写出国殇的感觉来。之后的《活着》特刊是5月28日，这天碰巧也是《京华时报》创刊的纪念日，据说看到这份特刊，时任京华时报总编辑朱德付先生感慨道：如果10年后北京还剩最后一份报纸，那一定是《新京报》。但如果今天我们再去做这些人物报道，《逝者》和《活着》，还会引起当年那么大的震动吗？

同类新闻，一定要抢第一次，因为只有第一次会被写进历史，其后都将成为陪衬，哪怕后来者更完美、更有深度、更无可挑剔，都很难超越开创性作品的影响力。所以，我们要创新报道模式，要选择独特视角，要有前瞻分析，要有全局观念，不能以点概面，哗众取宠。

芦山地震，我们记住了什么？芦山县委书记范继跃的手腕？在汶川时重建房屋的倒塌传言？还是拥堵的道路，滞留的物资和举牌申请物资的乡民？被免职的尽职尽责的乡干部？那个“拥有玻璃心女朋友”的“表弟”？如果是这些，说明我们依然不成熟，以新的茫然替代以前的莽撞。尤其是自媒体一味地迎合受众，纵容不实信息快速传播，之后再以传统媒体的草草证伪或者置之不理收场。核心信息和谣言都以几何倍数“增长”“泛滥”，传统媒体又陷入传谣和证伪之中。长此以往，各自的公信力都将大打折扣。

以往传统媒体都需要大量地求访，反复地验证，以及对逻辑的建构，从而完成一篇报道。

而现在，传统媒体应该改变这些游戏规则，要学会“变速跑”，不再只是一种速度。首先是快，要跟自媒体、互联网互动，去抢信息。同时也要学会慢下来，去做有深度的新闻，有思想的新闻，从原来的传播消息，转变成传播价值观，去做更多的解释性报道和观察性报道，并始终坚持独立的判断。

（作者系新京报社副总编辑）

媒体在灾难报道中的责任，除了及时报道灾情之外，更重要的是应该发现社会应对灾难的漏洞，制度的缺陷，法律的缺失，政府官员的责任等。特别是对救灾过程的监督，对重建的监督，对以后制度缺失的检索与反思，是媒体不能放弃的核心价值。

巨灾时代的灾难报道

南香红　陈　丰

不用细数，就能感觉到这几年世界上发生的灾难真是太多了。我曾经在我的一本书里，把这种巨型灾难频发叫作“巨灾时代”。总括起来，灾难事件大致有自然的、人为的和政治的三大类，而这三类灾难有时候又是互相混杂的，在某些情况下自然灾难里间杂着人为的灾难，而政治性灾难有时并不容易和人为灾难分开。作为社会的守望者和记录者的媒体，面对这样的新闻时不会没有行动。

5·12汶川地震对于中国来说是一次前所未有的灾难，对于中国媒体来说也是从未有的机遇和挑战。大地震撼，把众多中国媒体中像我一样的记者们，扔进一场大灾难事件中。经历生死，经受考验，我们这些和平年代从来没有经历过大灾大难的媒体人交出了作品，我们带着疲惫从灾区出来，还带着心灵的震撼和伤痛。

而到芦山地震报道时，又出现了一种质疑的声音，媒体的一拥而上，扩大了灾难，我们的报道是不是很无序，是不是对灾难有多种重复报道？都是这次提出的问题。媒介在传播中发挥至关重要的作用，但是如果在灾难报道中，出现了一拥而上或者重复报道，这种现场确实需要媒体进行反思。媒体从受限制不能到灾难现场进行报道，到我们突破了限制，一般的灾难都可以到现场，我们应该如何进行灾难报道？怎样的报道才更专业？这是我们现在面临的需要思考的问题。

保障生命　保障工作

灾难新闻作为新闻的一个品种来说，它是最具有冲突性、特异性的了。所谓生命保障，就是记者将入灾难的核心现场，而大多数时候记者是单兵作战，灾难不长眼睛，记者的生命安全成为首要问题。记者要做好自我防护，媒体也应该有一整套制度为记者做好保障。汶川地震时南方都市报跑得很快，在第一时间发出稿子，但也很吃亏，记者基本上累垮了。对此，当年徒步映秀的记者卢斌就曾提到：

> “我们来回走了近24小时，采访只进行了4个小时，花在路上的时间和采访的时间相差很大。走着走着天就黑了，身体由疲劳至麻木，行走仅仅属于行走本身，没有观察，没有思考。”

灾难报道是一种对记者对媒体专业性要求都非常高的新闻操作，不同的灾难还会有特殊的要求。比如，核灾难和化学灾难，对保障记者的生命安全提出特殊的要求。如何做到比较充分的保障，以下或许可在不同的媒体中通用：

1.记者的生命保障最要紧的三项是食品、干净的水和睡眠。实际上短时间做到这三项保障并不难，专业的野外生存设备就可以达到。但如果是灾难较大，记者需要在灾区工作的时间比较长，就要考虑配备专业的后勤保障队伍。

2.对应急分队的人员应该实行全方位保障。工作采访的必要设备，比如手机电池和笔记本电池要有一个常备的库存，需要时随时领出带走。采访用设备如：海事卫星电话、电脑、摄像机、照相机、录音笔等配备齐全，并常检查维护，使之处于最佳状态；生存必需品常备于报社或者记者办公室，一有紧急情况立即出发，节省回家准备装备的时间。

3.大型灾难尽量避免记者单兵作战。分组是一种效率高且互相可以配合保障的较好办法，成员除兼顾文字摄影记者外，还应该有后勤保障人员和通信技术人员。

4.先驱集团出版部门编辑副总裁霍华德·泰勒说："记住，没有任何故事价值比一个记者的生命更重要，一位死去的记者什么都报道不了。"一个媒体机构没有任何权力让记者去冒险，而作为灾难新闻的指挥人员，一定要把记者的安全放在第一位。

5.要做好公共交通设施遭到破坏无法正常使用但必须迅速到达现场的准备，这种准备首先要从媒体本身做起，其次才是记者个人。在平时是否准备有越野车？是否有受过培训的应对灾难的人员储备？越野车不能正常使用的情况下，是否有替代方案？

6.媒体机构平时应该多积累和维护可以借助的资源，广开其他渠道，如利用军队和社会力量以及利用读者俱乐部里的读者，他们会是报社的忠实支持者，会有意想不到的办法。

7.媒体机构应该平时多注意经营和积累当地媒体资源，虽然彼此之间有竞争关系，但也有合作的空间。平时的联系维护能够在紧急情况下成为朋友并肩作战，他们是采访资源、生活资源最有力的支持者。

8.大型灾难报道需要有经验的记者，因此在派出记者的时候，要综合考虑记者的年龄、身体状况，是否有应对突发灾难的经验。最佳的方案是针对不同性质的灾难派出有相应的专业知识的记者。最糟糕的情况是，时间紧又没经验，一股脑往灾区冲。在一些特殊情况下，经验往往起到关键性的作用。报社应该靠好的制度使好记者安心工作，使突发新闻“别动队”保持稳定状态，他们是媒体关键时刻显示竞争力的保证。

9.第一批人到灾难现场往往因为匆忙而没有做好准备工作，安排第二批人去的时候一定要做更多的准备工作。要迅速派出第二批人去接应，这将是最有效的方法。不要让最先到达的人得不到支援，对于第一时间到达现场的记者来说，坚持12个小时还行，但如果坚持24小时，甚至30小时以上，那将是对人的生理和心理的极大挑战，他们这时在前线的工作状态已经极差，发回的稿子也将大失水准。

10.对于灾后新闻从业者的心理健康，媒体机构负有不可推卸的责任。新闻机构的管理者应该对于灾难对从业者的影响有足够的警觉。在前线，媒体的管理者应该尽量保护记者，并对每个记者的承受能力包括他的家庭及过去曾受过的创伤情况有所了解，以避免将不应该派出的人派向他不能承受的地方；后方的媒体管理者应该给记者最大的理解和抚慰，及时和前方人员的家人保持联系，通报他们的信息。而更重要的是，媒体应该在平常对需要报道突发灾难新闻的记者进行必需的专业培训，为他们准备良好的装备和买一份保障比较充分的保险。

灾难新闻的核心价值

对于大多数诞生于20世纪八九十年代的媒体来说，汶川是一次从未有过的经历。有的媒体经过20多年的成长，无论从发行量、经济实力或者影响力都已经成为一家全国或区域性的“大报”，但他们往往从老总到编辑到记者几乎都没有参与重大灾难新闻的报道经验。灾难将媒体推到了最前沿，这是媒体的命运。每当灾难来临，人们纷纷四处逃离，媒体人则逆人流而上，冲向灾难的中心。

灾难在一瞬间将媒体置于非常状态的同时，也将政府置于非常状态，而处理灾难事件的理想状态是媒体和政府能够互相信任，政府通过媒体与公众达成处理灾难事件的共识，使整个社会在短时期内处于处理灾难事件的应急期。

“对于政府来说，灾难事件无疑包含着对政府公共管理能力的考验与批判，甚至会引发对政府认同的危机，因此，政府对灾难新闻的传播必然限定其边界。”

而就媒体来说，对灾难的不当报道，如不正确信息的发布，或者对于灾难的扩大化报道，会使公众对于灾难更加恐慌，增加人们对处理灾难的政府和组织的不信任感，或者过度的报道使灾民第二次受到伤害等。媒体在灾难报道中可以“帮忙”，也可以“添乱”。

正是媒体的这种双重属性，使面对灾难的政府惧怕媒体。但媒体从诞生的那一天起，就是社会的“信使”，就是社会关系的中介，因此控制与反控制始终存在。冲破控制，突破边界也成为媒体不断努力的方向。尤其当灾难新闻发生之时，新闻从业者的使命感使他们难以控制自己的专业冲动。

媒体如何报道灾难，这里有关于灾难报道的核心价值和成熟模式的问题。钱钢先生曾总结过我们以往的灾难报道是“灾害完了，留下来的不是灾害，是救灾；我们记录的都是救灾，不是灾民的记忆，而是救援队的记忆，不是老百姓的痛苦，而是赐予老百姓的恩情”。很多报道都是一个基调，大灾之下有大爱，我们不停地歌颂有大爱，这个模式一直延续到今天。

媒体在灾难报道中的责任除了及时报道灾情之外，更重要的是应该发现社会应对灾难的漏洞，制度的缺陷，法律的缺失，政府官员的责任等。特别是对救灾过程的监督，对重建的监督，对以后制度缺失的检索与反思是媒体不能放弃的核心价值。

在灾难报道核心价值下，媒体的灾难报道应该有三个维度：过去，现在和将来。过去，是指灾难未发生之前，媒体应该敏感捕捉灾难发生之预兆，及时预警及教育公众如何避灾；现在，指的是灾难发生当下，履行告知、监督等媒体责任；未来，指灾后，有对灾难的反思，让社会能够从灾难中吸取教训，也有对灾后重建的关注及监督。灾难报道不应该仅仅限于灾难当下，我们现在看到媒体一旦发生灾难，马上一拥而上；灾难平息后，又一哄而散，没有静心去做长期的、深入的报道。

当然，另一种情况应该有所例外，就是“国难”。如果灾难太大，就是一场国难了，在此情形下，媒体如果只做监督、反思和揭露，就有失新闻的均衡性。媒体要肩负起更多的附加责任，比如安定社会情绪、协调社会的抗灾力量，调动正面情绪，抚慰伤痛的人们，服务于抗灾等。但对于国难的反思和监督更应该是严格的和高级别的。灾难新闻因为灾难本身的难以预料和灾难的惨烈，而成为新闻报道中最具有冲突性和短时间里爆发力最强的采访，因此成熟的灾难新闻理念和操作模式是不能缺少的。

1.对于灾难的判断，应该建立相应的媒体价值观和标准。真相、公正、透明、均衡、有益于社会和民众是媒体追求的终极目标。媒体人应该百折不挠地向着这个目标努力，并尽量不为其他纷扰因素影响判断和决策。

2.在灾难发生的第一时刻，媒体的责任是要告诉公众发生了什么。这种第一时间消息的标准是准确性，尽管当时很难达到对灾情的准确报道，但媒体应该尽全力而为之。当然为了达到准确，媒体不应该把政府救灾部门当作唯一的消息来源，而是应该顾及社会各种组织、团体和各层面的消息来源；灾情报道的第二个阶段是对救灾进程的报道，除此之外，还有对救灾效率、政府组织的行动、社会动员及社会团体的工作情况的报道，这里已然有了建议、呼吁、质疑、监督等多个层面，而“反思与检索”是媒体的关注重点。

3.应对大型灾难对于一家媒体来说，是一个整体行动。需要建立一个报系级别的应急预案，这个预案里应该对灾难的级别给予较明确的设定，应对不同的灾难启动不同级的预案。这个责任机制和预案可以让媒体从业者知道，发生灾难后谁在第一时间应该去处理什么问题，以及如何去处理。当灾难发生时，编辑部里肯定会出现混乱的情况，但在按照这个预案执行后，编辑部会很快地忙而不乱，就算是总编辑没有第一时间出现在办公室，但所有的人都知道自己要去做什么。

4.确立报社级的应对灾难事件的总指挥，在特殊情况下有权限打通报社各部门之间的分割，调配报社各个部门力量形成统一的团队，避免协调与沟通的损耗，并在复杂多变的局面下迅速拍板决策。

5.建立财务保障制度，在报社的预算中留出专项基金，以备特殊情况下的开支，保障灾难新闻记者队伍建设、设备储备和应对灾难时的支出渠道畅通。

6.建立常备的应急队伍，平时提供专业化培训，比如火灾现场、化学泄漏事件、大面积的传染病、地震、水灾等等，使队伍专业化，招之即来，来则能立即投入工作。这里的训练有素是指他们都具有参与过重大灾难新闻报道的经验，他们知道如何在困难重重的情况下到达现场；他们有对特殊灾难的专业知识储备，他懂得什么样的灾难在什么样的情形下发生意味着什么；他懂得如何在现场拿到新闻，懂得拿什么样的新闻，并懂得在复杂的情况下保护自己；他还具备良好的身体素质和心理素质，让他可以在极端的情况下坚持工作并可以坚强地面对灾难。

前后方编辑机制

灾难来临，维持编辑部日常运转的规则和机制常常在瞬间被打乱，甚至到瘫痪状态。人们可以感觉到的通常是编辑部的混乱，编辑们像无头苍蝇一样忙乱地工作，但又理不出头绪。实际上是平时的工作方式无法应对灾难新闻的报道要求，而新的方法还没有建立起来。

对于后方的编辑们说：前方记者是他们的眼睛，他们希望记者告诉他们前方究竟发生了什么。而编辑得到的回答出乎他们的意料，前方记者说，我完全不能了解灾难整体情况。我不能上网，不能到达所有的现场，我看到的仅仅是一个局部，我需要后方编辑的帮助。

这就是灾难新闻前后方境况的真实反映，前后方被通信交通阻隔而变成两座不相连接的孤岛，互相很难联系到一起。建立可以应对任何复杂灾难的编辑部，对于再复杂的情况他们都有一套现成的程序可以启动，他们不仅能对版面做出及时的调整，表达出整个媒体的价值观和情怀，同时他们还可以给前方记者以信息和思想上的支持。他们胸有成竹地掌握着灾难报道的节奏，知道在什么时候可以开展怎样的工作，他们是一个有杰出创造力的团队，在与同行的竞争中，总会有奇思妙想涌现。达到灾时前后方协调有序地工作，也许下面几个方法会有一些用处，但各报社的情况又是不同的，操作之时会有很大的灵活性和调整的空间。

1. 建立编辑部信息供给制

记者最初到达灾区现场的时候，没有时间去查阅网络，身在现场，反而不了解全局的情况，也不了解编辑部的意图。编辑部应该设立对前方记者的信息供给制，每天将各种信息打成“数据包”传给记者。

编辑部应该设立一个与灾难报道总指挥紧密结合的工作小组，这个小组的主要工作是搜集灾区信息、结合本报的报道计划进行分析和预测，给记者指明报道的方向和提供报道的思路及信息。同时这个小组还应该兼顾各媒体报道全局的变化与发展，及时做出适合本报的策略调整。

当启动灾难报道程序时，此项设置随即启动。保证前方人员能够及时地得到信息和指导，减少盲目行动。而前方和后方的良性机制是，后方在给前方提供支持的同时，也可以得到前方的信息而及时调整版面和报道方向，让思路更加清晰。

2. 设立现场策划加主笔制

从灾区现场出来，记者通常已经耗尽了全部的体力，他们的采访本上记满了东西，但却没有精力将它们写下来。或者前方的情况太糟糕太乱，记者受到的刺激太大，紧急的情况下没有心境去写，就算写出来也是“脑子一片混乱”，有失水准。所以建立主笔制，前方记者来讲，后方主笔来写。主笔可以在后方完成前方记者无法完成的采访，可以整合更多的信息，他对事态比记者有更清晰的把握，且文字能力很好。实际上，记者提供前方的消息，现场的情景，主笔完成后方的采访，使之成为一个信息更全面均衡的报道。

前方信息的汇总——选题方向策划——操作模式确定——记者分头采访——前方撰写、整合、编辑——后方编辑部编辑——出报，这是一种非常有效的模式。这个机制在灾难新闻发生时立即启动，专人对接，实现最快最好地利用好报社的资源和投入，使效益最大化。

3. 设立大编辑，随时给记者释疑解惑

记者在前方随时都会有迷惑，那么他的问题应该提给谁？很多情况下记者不好意思将电话打给领导，如果有一个人或几个人的电话24小时为他们开着，随时等待他们的提问，对记者来说将是非常幸运的事。这个位置的设置可以叫大编辑，也可以叫召集人，但他在采编业务上是比较有水平的，他对新闻的判断非常准确，他能够给记者提供智力上的支持。

媒体在总结的时候，通常会说编辑部应该成为一个核动力系统，应该成为媒体的大脑，但这一切如何在紧急的灾难报道中实现？或许几个大编辑的设置会非常有针对性地解决问题。大编辑随时给记者信息和灵感，鼓励记者，让他有激情去采访并给他指出方向，而且大编辑的设立还能提升整个编辑部的工作状态和水准。

（作者南香红系南方都市报首席研究员，陈丰系新疆日报记者）

记|者|手|记

像钉子一样扎在一个地方

张寒

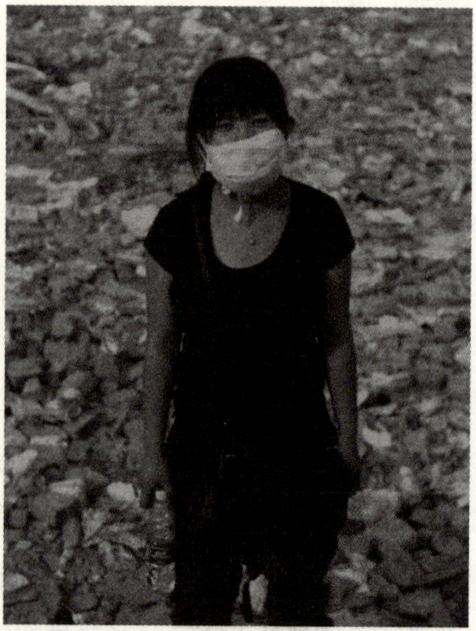

五年里报道了三次地震。但如同地震来临时那种恐慌感一样，地震的每一次报道都会经历犹疑、取舍和遗憾的过程。

2013年4月19日，绵阳下了一场大雨。这一天我住进了金河宾馆。2008年汶川地震，2009年报道地震一周年，我都住在这里。

4月20日，一早醒来正要洗漱，突然，感受到了微微的晃动，等摇晃陡然加速而且没有停止迹象时，我跌跌撞撞跑进洗手间，抬头看看洗手间的天花板，时间好像突然被拉长拉细了，是一种恐怖的清晰。

时间折回到五年前，“5·12”汶川地震发生时，我没能第一时间到灾区。到绵阳时，已经是5月17日，住进了金河宾馆。当天有大余震的消息，整个绵阳一片恐慌，像是到了战争状态，街上的大喇叭一遍遍重复着“注意，请注意”。

这是两次地震在我个人生命里的片段记忆，巧合的是居然在同一个地方重合了。

五年里报道了三次地震，已经能自己简单判断余震震级了。但如同地震来临时那种恐慌感一样，地震的每一次报道都会经历犹疑、取舍和遗憾的过程。

选择的恐慌

有一首歌谣，说的是一个钉子亡了一个国家。

在地震中，常常会有“一招不慎，满盘皆输”的恐慌感。它不像一些具体的事件，都会有固定的程式。地震更多的是未知。在一个庞大的灾难面前，你作为一个渺小个体的无知，意识到自己的盲目，做决定时难免忧心忡忡。

我清晰记得第一次进北川县城时被震惊笼罩的慌张。像进入一个梦境，尸体的气味，狰狞的建筑，急匆匆的救援队伍，和我一样游荡的记者。

当时不知道自己要报道什么，看到有消防队还在救援，就跑去盯着；遇到像本地人的人，就拉住问；甚至看到了日本救援队，也没有想过通过他们的翻译去做一篇对话。

地震初期，除了做《逝者》和《活着》两个特刊，一直没有找到自己的定位，浪费了几天的时间。在地震中浪费时间，难受得就像被钝刀子割肉。

看到早来北川的同事颇有章法的报道，知道自己第一步就走错了。以到现场为最高目的，一门心思要来灾区，却从来没有想过来到灾区之后要做什么。这已经不是地震刚发生时，遍地都是需要救援的人。故事已经隐退，需要去寻找。

我决定放弃北川。在“5·12”地震这种大震中，笼统来说，每个地方都会有很多故事。只要扎根下来，故事会慢慢显形。但北川，因为同事从地震一发生就驻扎这里，各种故事慢慢地向他聚集。我却只能浮于表面。

在地图上研究了很久，选择了遥远的青川。那个地方之前有同事曾经路过，无人驻扎。更重要的是有一则消息，说青川那边地质损害严重，要有人移民到浙江。

这也许会是一个好故事。

启程去青川，到青川最远的一个镇的最远的一个乡。和那群家园破碎的人住在一起，和他们一起爬大卡车离开家乡，移民到另外一个县。

而此次在芦山地震中，赶到芦山县城时，看到整个县城像一个大市场一样嘈杂混乱。在有限的信息里，我选择了进入当时所谓的孤岛“宝兴”。

这意味着放弃了当时的震中，放弃了芦山县那些重灾乡。

芦山 7级地震

物资发放每个环节都按手印

孕妇挺大肚救出3个娃

汶川地震后再婚家庭：好好活着

这也许是个坏选择，有点像赌运气。我的筹码是宝兴的未知和故事的无处不在。地震报道结束后回头看，到宝兴不见得是最好的选择。但当时，似乎我也只能如此。每一个选择，都决定你最终得到的东西。

前方的“劣势”

这种选择往往和你收到的信息有关。

记者在前方，占有独家的视野，但是缺少广度。这时候后方会传送一些信息。而后方还会根据版面架构要求记者获取特定的信息。

日报尤其如此。

在社交媒体发达之后，后方占有资料更加地庞杂，而且更有现场感。他们像是长了更多的眼睛和触角。

个体的记者，仍然是单兵作战的突进者。地震灾区往往没有网络信号，记者会被封闭在一个小的范围内。

2008年汶川地震时，我会感觉到，记者在前方因为见的太多，常常会忽略掉很好的新闻点。而到了2013年，更多的感觉是，信息的快速传达，让很多记者以为是新闻的东西，早已经被社交媒体如微博消化掉了。

而微博的热点常常会反过来变成记者追踪的目标。这种前后的颠倒让记者会有疲于奔命感。再加上，各个媒体都在微博上进行即时消息发布的争抢，在最初的时候，记者很难慢下来，需要挖空心思把看到的东西发即时消息。

在芦山地震，前两天遇到的记者很多感觉像在梦游。赶路到现场，即时消息发布，后方指令的完成，一些无谓的消耗，比如跟了一个消防队，却一无所获。曾经和同行开玩笑，看一眼记者的状态就知道谁是日报记者，谁是周报记者。日报记者即使在采访的时候也保持着冲刺的姿势。

我不知道这种心理和生理的消耗对其他记者有多大影响。我会觉得芦山地震是最累的一次。当时玉树地震，高原反应困扰，但那个时候在心理上没有感觉到如此快的节奏。

到近48个小时没睡觉的时候，突然感觉到自己是个地震难民，写每个字都是靠本能丢出去。

要慢下来。我当时就想，不管怎么样，一定要慢下来。

版面要求的规定动作能做就做，做不了就放弃。要慢下来找一个只有前方记者才能发现的东西，找一个真正打动人的故事，或者对厚重一点的问题进行剖析。

当时一个人在宝兴，日报记者的习惯，灾民状况、物资发放情况都要了解。后来，我想到宝兴曾经经历过汶川地震，有些房子重建，想去看看重建的房子在这次地震中的破损情况。

也许质量会有问题，也许那些刚刚从板房搬出来没多长时间的人会有故事。

重建的房子也有裂缝，但问题不太大，被评估为可住。他们坐在楼外面烧水喝茶聊天。和他们慢慢聊，让他们讲讲汶川地震时候的状态。我问这里有没有经历了两次地震，家庭发生很大变化的人。他们摇头。过了一会儿，一个穿着一身蓝色西装的女人经过我们，到旁边的水龙头接水。有人摇我的膝盖，小声地说："她男人在汶川地震中死了。"

我跟了上去，说："大姐，和你聊聊天好吗？"

她抬头看我，就那么一瞟，我知道她肯定是一个有故事的人。

一起吃饭，慢慢悠悠地聊了一个下午。聊她在映秀遭遇地震的经历，聊她的前夫，聊她和现在老公的相识。[注1]

注1：在2008年的"5·12"地震中，李雪梅和前夫张伟正好在映秀镇工作，正在山上工作的张伟和其余7名工友一同遇难。死里逃生的李雪梅在"5·12"地震后撤出映秀时和到这里来寻找侄女的廖学伦相识，两人于2012年结婚组建新的家庭。"4·20"地震发生时，两人都在工地干活，廖学伦不顾自己的危险在地震中找到了妻子李雪梅。

4月24日，经历两次地震的李雪梅（右）和丈夫廖学伦（左）在宝兴县的家中。新京报记者 吴江 摄

这是前方记者的优势，发现后方没有想到过的故事，发现地震中人的坚韧和温暖。

在即时消息和社交媒体的冲击下，地震报道前方记者也需要分得更加细致。第一批到地震灾区，即时消息的随时发布应该有专人来做。地震策划报道也应该有人来做，毕竟这能体现一个报纸的编辑思路。另外还要有一些人，不承担此类任务，只需要像撒胡椒面一样撒下去。

待下去一定会有收获。不管什么时候，都需要记者像钉子一样扎在一个地方，发现故事或者真正的问题。这是地震报道中真正能留下来的东西。

（作者系新京报深度报道部副主编）

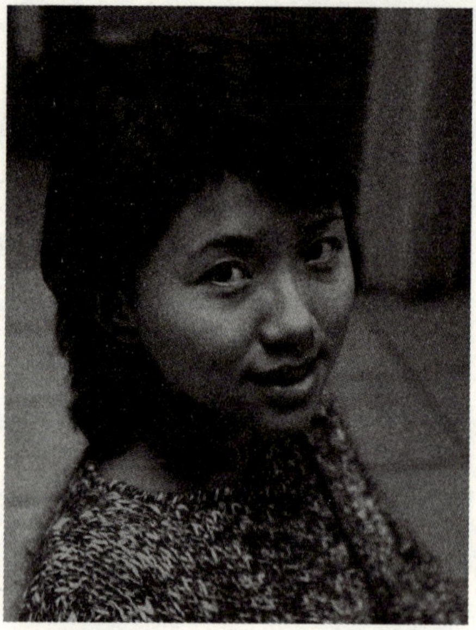

雅安地震备受关注，一是因为地点是四川，二是时间又在汶川地震五周年前夕。有不少声音指责媒体夸大了这次地震，投入了过多的热情。

震后三天

薛　珺

2013年4月20日8时2分，我正在绵阳的一家饭店吃早餐。老板突然大喊了一声，几乎所有人都瞬间跑了出去。地震了，心有余悸的食客们在饭店门口互相询问：“你感觉到没？”几分钟后，老板一边收拾刚刚打翻的椅子和碗筷，一边安慰大家：“没事没事，是小震。”

绵阳的震感不算强烈，我和同事张寒、孟祥超按原计划开车往北川走，去做汶川地震五周年的特刊报道。同事在车里上网查刚刚地震的消息："出事了，雅安芦山7.0级地震。"报社后方的电话紧接着就打进来了，"赶紧去芦山！立刻！"

当时，为了做汶川地震五周年的稿子，我们有六名记者在四川，这让新京报成为首批进入芦山震区的媒体之一。

进入芦山

离得最近的在成都的两位同事，在第一时间已包车赶到了震区中心。

绵阳到芦山300多公里的路程，我们却开了10个小时。路上不时地有装载着大型急救设备的车队经过，这次雅安地震的震后应急反应，的确是非常迅速。高速行至雅安路段，开始一路堵车。高速上竖起了明显的指示牌，标出地震救援绿色通道。

下午2点多，我们从荥经出口下高速，沿途开始出现大量居民，大家都不敢进楼里，路边已经搭起了应急帐篷。往芦山去的车辆非常多，几乎每个路口都有交警指挥着，大家一步一挪地排着队往前蹭。在闯了两道关卡后，我们终于被赶离大路，被迫绕道天全县。

一路走一路在网上查看地震的消息，我们一直围着芦山县城六七十公里的地方绕圈，心里都非常着急。行至荥天路四公里处时，路边聚集了大量

2013年4月20日，往灾区芦山县的路上，一辆军车爆胎坠下山崖。

围观群众和部队官兵。“应该是那辆出事的军车。”一直在盯消息的张寒判断。我们找岔道停好车，下去采访。当天中午12点半，成都军区一辆载有17名官兵的救灾车辆在驰援芦山地震灾区途中，因避让一辆私家车发生爆胎，车辆失控翻下约30米高的山崖，坠入河中，两名战士不幸牺牲。

晚上7点，终于赶在天黑前，我们到达了芦山县城。

马不停蹄地赶到芦山县医院，这里收治了地震中的大量伤员。采访完9点钟的时候，我和张寒联系上德阳消防的救援队，跟着救援车赶往“孤岛”宝兴。

由于断路，宝兴还没有救援部队进去，是当时媒体关注的焦点。德阳消防的救援队请了两位当地的老乡引路，打算绕开塌方路段，从宝盛绕小路往宝兴走。

夜里11点多，救援车队行至宝盛乡玉溪村停了下来。我们跳下车问了问情况，前方发生近一公里的山体塌方，这条路也断了。手机通信中断，跟别的同事联系不上，不知道他们在哪里。我和张寒商量了一下，决定分两路走。她连夜搭车下到县城，第二天走别的路想办法进宝兴。我留原地，第二天去拍塌方，再去重灾区太平镇。

雅安好人

在救援卡车上坐着睡了一宿，夜里被余震震醒一次，扭头又接着睡着了。天亮后，我离开原地待命的部队，从宝盛乡玉溪村徒步往太平镇走。沿路的村子大多损毁严重，救灾帐篷还没有到位。村民们聚集在一起，搭起了简易的大帐篷，同吃同住。山区昼夜温差大，清晨气温低，早起的村民们围坐在火炉旁烤着火，吃着从坍塌的家里拿出来的干粮当早点。

我在村子里拍了一些照片，坐在板凳上休息。这时一位大叔走进被震斜了的家里，拿出一瓶绿茶递给我，我连忙摆手推辞：“你们自己留着吧。”大叔塞到我手里说：“喝吧，喝吧，你一个女娃娃，这么老远跑过来，真不容易。”地震发生24小时，不停地赶路、拍摄，我的精神一直处于高度紧张状态，倒也不觉得累。这声“女娃娃”却一下子戳中我的泪

宝盛乡玉溪村，村民们聚在一起烤火，山间昼夜温差很大。

点，整个人软了下来，不争气地哭了。

我平静了一会儿，便起身告别，继续往前走。走到山体塌方的路段时，一个小姑娘追上了我，“你也是去太平镇吗？”她是一名大学生志愿者，听到地震的消息后，独自一人赶到灾区。一路伸手拦车，没车就走路，一程一程地赶到这儿。当我问她来做什么时，小姑娘说：“我就是想来尽一份力，干什么都行。”

2013年4月21日，宝盛乡玉溪村通往太平镇的山路上，几位回家的村民抬着行李从乱石堆上走过。其间时有碎石子滑落。

山体不断有小碎石滑落，山路危险，我们搭伴相互照应着往前走。到了塌方点，有十几个拿着行李的村民等在警戒线外，他们都是在外打工的返乡者。塌方很严重，长度近一公里，巨石完全封住了路面，部队官兵正在抢通山路。等了半小时，一名战士走过来说：“要过去的快跟我走。”说完帮着一位女孩提着箱子走在前面，带着我们爬过了巨石阵。

过了危险路段，搭上了老乡的摩托车，中午的时候顺利到达太平镇。太平镇是这次地震的重灾区，镇上的房子损毁非常严重。我在一条石阶上等着拍摄路人经过的画面，旁边的房子已经完全垮塌，碎砖和木梁堵住了上下的台阶。突然地震来了，还没等我反应过来，一位路过的老乡拉着我的手就往下跑。那是最猛烈的一次余震，跑到开阔地时的确有点被吓到了。

2013年4月21日，芦山县太平镇，几位村民背着行李从震垮的房屋前快速通过，芦山县当天发生多次余震。

在太平镇的医院里，我又遇到了路上见到的那个大学生志愿者。她正独自一人在临时搭建的帐篷医院里扫地，医院的大喇叭里不停地播放着：“由于安全因素，请志愿者们有序撤离，感谢你们。”小姑娘拿着笤帚站在一排排的病床中间，显得有些不知所措。

“孤岛”宝兴

震后第三天，宝兴的山路基本疏通，我们开车往宝兴出发。一路遇到几次小滑坡，抢险工程车守在滑坡路段随时准备清障，总算有惊无险地到了宝兴县城。

2013年4月22日，灵关镇前往宝兴县城的老关口，一阵滑坡堵住了道路。老关口距离宝兴县城一公里，这里风大石碎，经常落石、滑坡。

宝兴县城的灾情没有想象中的严重。在最大的灾民安置点宝兴中学，大家从家里拿出腊肉、从附近的山上挖来笋，还有村民骑着摩托车，从20多公里外送来蔬菜土豆，吃饭暂时不成问题。

2013年4月23日，宝兴县城，一位工作人员给灾民们分发食品。

最缺的是帐篷，一位年轻的妈妈在路边竖起牌子：“关心孩子，我要帐篷，谢谢！”她和六个月大的孩子一直住在面包车里，一直到震后第五天都还没有领到帐篷。

2013年4月23日，宝兴县城，一位奶奶抱着6个月的孙子，他们一直没有帐篷，住在一辆面包车里。

我们进宝兴的第二天，宝兴至芦山的210省道改成单行线，除了有应急抢险通行证的车辆，宝山县城只进不出。如果出县城，得绕行夹金山，大约300多公里的路，而且夹金山段山路非常危险。由于宝兴的关注度高，加上电话信号不稳定沟通不畅，我们一共两路记者都到了宝兴。现在一下子两个文字记者、三个摄影记者都困在宝兴，灾区别的点立刻人手不足了。

媒体的报道很多时候也会导致资源的倾斜。在媒体关注度高的灾区，如宝兴、龙门、太平镇等，那里的救援物资发放、灾民安置都明显优于少有媒体踏足的震区村落。

4月24日，我们找到当地宣传部，说明情况后，从抗震指挥中心拿到了车辆通行证，终于可以出宝兴了。我们留下一名记者，剩下的四个赶去别的受灾地点。

地震报道进入后半程，连日的紧张奔波、休息不好，大家都有点身心俱疲。如果说地震采访前半段拼的是体力和速度，要用最短的时间想尽办法到达现场，那么后半段拼的是意志力和耐心，要在日渐重复的场景里挖掘更有深度的新闻。

雅安地震各家媒体几乎都派出了多路记者，一是因为地震的地点是四川，二是地震的时间又在汶川地震五周年前夕。也有不少声音指责媒体夸大了这次地震，投入了过多的热情；也有记者报道“中坝村村民地震期间大鱼大肉像过节”的新闻，引发了当地灾民强烈不满。

如何在灾难报道中保持冷静客观，做出理智有度的专业报道，这是媒体人应该思索的。

（作者系新京报摄影图片部摄影记者）

4月20日早上，获知雅安发生7.0级地震，之前在四川进行“汶川地震五周年”报道的同事，已经第一时间赶赴灾区。我一直关注着灾区的灾情，并向部门主编陈杰报了名，表示随时可以赶赴灾区。下午便接到报社电话，需要继续增援，于是便立即与同事乘飞机赶赴灾区。

五年之后的雅安地震

浦　峰

找寻逝者的故事

由于机票紧张，订到了八点多的飞机，跟着红十字会工作人员一起到成都驻地时，已近夜里12点，看到电视台在播放重伤员被陆续送到成都医院的新闻，便赶紧打车直奔医院。医院此时井然有序，设立了专门的地震通道和抢救室。进到抢救室，见到医生们在查看一位两岁小女孩的病情，小女孩紧闭着双眼，头部被砸中。很快，又送进来一位男孩，腹部被砸中，脾胃切除，小男孩很镇静，静静地躺在病床上任由医生检查。当我蹲下来想拍他的时候，他平静地看着我，小手竟然还微微地向我挥动。那一刹那，内心一下子被击中。我强忍着眼泪把图片发回了报社。原本鲜活可爱的孩子，不知道他们以后的生活会是怎样。

4月21日，我跟着红十字会的车队进了芦山县城，沿途都是各个增援组织和急匆匆赶回家的老乡。我们从不断更新的地震动态中了解到，这次地震比汶川的危害小了32倍[注1]。破坏程度相对较小，震中的芦山县城基本没有受到严重的损毁，但我还是决定留守芦山县城，以配合文字记者并寻找自己的图片专题。

注1：8级地震比7级多了32倍的能量。

第一个故事的主角，是一对母子。37岁的罗文婷和2岁的儿子乐晨旭。地震发生时，正在做早餐的罗文婷为了救儿子急忙跑进内屋，只差两秒便可以逃生……母子被救出来的时候，儿子被母亲紧紧地压在身下，眼睛都睁着。丈夫乐建荣说到妻子一生辛劳从没享受过好日子，连一张照片都没留下，满心悔恨。往后几天都会听到一个个心碎的故事，看到一位位心碎的亲人，还有一栋栋破碎的房屋，我只有轻轻地把他们的细节都一一记录下来。

2013年4月21日，芦山县赵家坝，40岁的乐建荣想起失去的妻子儿子止不住流泪。

2013年4月22日，芦山县赵家坝，由于震后买不到食品，乐建荣只能用发放的救灾食品给妻儿祭奠。昨日妻儿下葬。这两天都要给妻儿送“晚饭”。

2013年4月21日，芦山县赵家坝，旧屋门口还挂着小儿子的衣服。妻子一生勤俭，小儿子的衣服都是人家穿剩下的。

在采访过程中，另一位令人印象深刻的逝者是5岁的地震宝宝王延霞。漂亮的小女孩很幸运，她在“5·12”汶川地震的第二天出生，但她又是那么不幸，雅安地震前一晚，因为妈妈的电动车正好没电，只能留在了县城，地震时周围所有房屋都没塌，只有巷子里一堵矮墙倒了，正好砸在了她的后背……父亲王洪武说，她的幺女，命中注定，地震中来，地震中走。采访妈妈的时候，在他们结实的小院里，盛开着鲜红的杜鹃，一只漂亮的蝴蝶在花中盘旋不去。我心里幻想那就是这位漂亮的地震宝宝。在拍摄这些逝者的过程中，我也逐渐清晰了自己的图片专题《那人·那物·那思念》，以此来慰藉这些地震中逝去的生命。

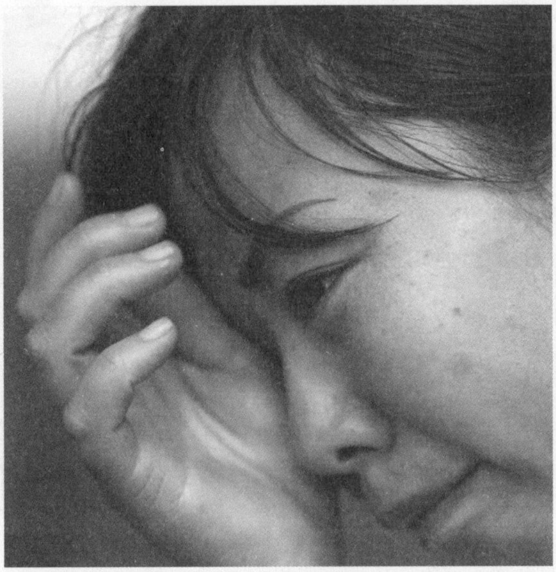

妈妈高永琼这些天经常能听到女儿喊她的声音。是不是女儿太幸运、太完美，上苍才要带走她。高永琼时常想。

女儿最喜欢的小伞永远留在了县城租住的房屋内。10岁的哥哥王延高在作文里，述说妹妹王延霞遇难的经过。题目是《可怕的地震》的作文，结尾语是："我恨地震，它夺去了我妹妹的命。"

我跟着文字记者到处采访逝者，每到一个地方都会听到一个个心酸的故事，我们无力帮助逝者重生，让他们的家人免除痛苦，只能记录这些逝者的故事，让大家铭记这次灾难。

2013年4月22日，芦山县城，一家成都来的馒头店在给灾民发放免费馒头。

2013年4月23日，宝盛乡玉溪村，几位民间救援人士搭乘摩托车为村里送去了两顶帐篷和少量药品。

一个浮躁的秀场

这次雅安地震报道，明显能感觉到全国媒体的高度关注，在头一天，许多主流媒体都派出了十几位记者，几乎每个角落都有记者的身影。第二天民间救援组织也大批进驻，第三天芦山县城马路边都已经被各救助企业占领，提供各种必需的服务。此外，还有许多小型单位和个人被称为“自援者”，带着小量的物资自行租摩托车深入宝盛乡等一些偏僻地区。

微博上到处都是各种正能量的传播，可以说是全国总动员。但也许是这次地震的危害没汶川那么严重，整个灾区很迅速地变成了一个秀场，而芦山县城就是秀场的舞台中心。各种政府组织、企事业单位、民间救援组织，甚至是一些媒体，浩浩荡荡摇着旗打着横幅，进到灾区晃一圈拍几张工作照，“我来了”，然后走了。虽然五年过去了，大家的救助意识增强了许多，但不知道为什么，我那几天还感受到了一种“浮躁”，社会的集体浮躁。如今不论做什么事，全社会的热情只有“三天”，很难有系统规划、长期的坚持。汶川地震五年了，还是有灾民依然处于困境之中。看着雅安地震中失去亲人、失去房子的那些灾民，我不知道再一个五年之后，他们是否还在为能不能住上安心的房子、有没有拿到补助而奔波。

4月26日夜里路过汶川地震中被毁得最严重的映秀那段路，依然崎岖不平，各种震落的巨石和废墟依然在路边，在车灯的照射下更显得危险艰难，五年之后，我们再次真切地感受到灾难所带来的巨大伤痛……

（作者系新京报摄影图片部摄影记者）

第|一|现|场

回家·救援·祭奠·亲人

——雅安地震摄影全记录

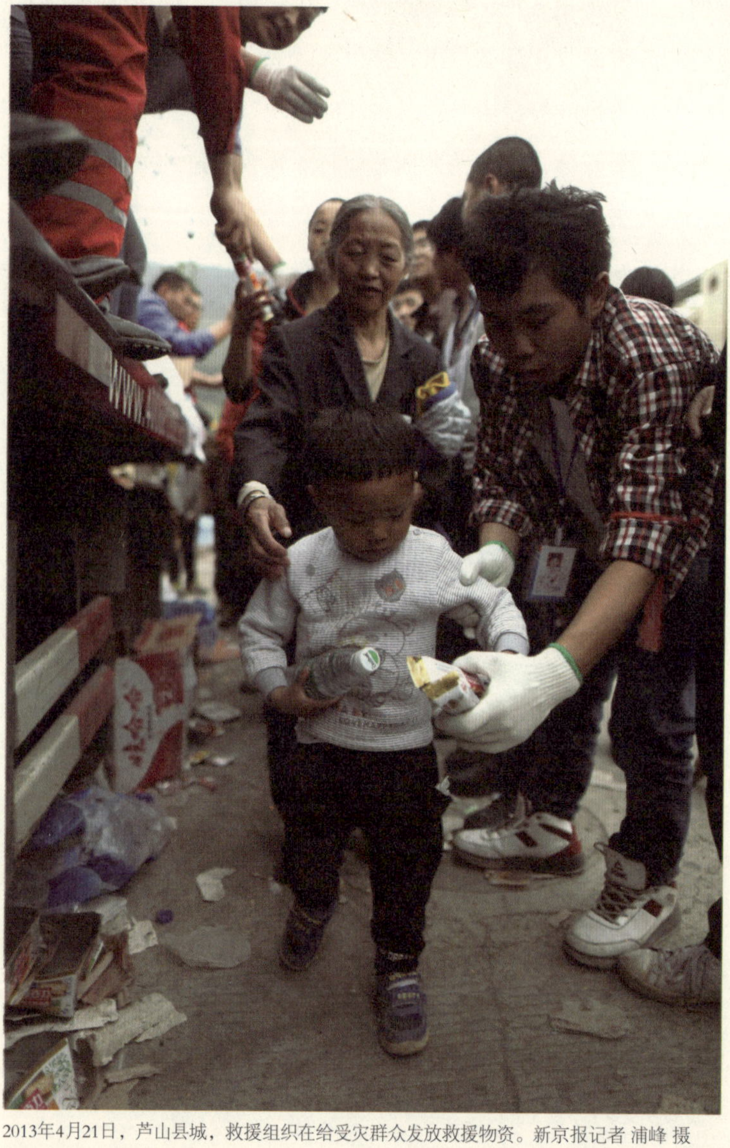

2013年4月21日，芦山县城，救援组织在给受灾群众发放救援物资。新京报记者 浦峰 摄

回家

2013年4月21日，宝盛乡玉溪村通往太平镇的山路上，几位回家的村民抬着行李从乱石堆上走过。宝盛乡玉溪村通往太平镇的一段数百米的山路被山体滑坡的石头覆盖，救援人员正在全力打通道路，回家的村民们在救援人员的护送下迅速通过乱石，其间时有碎石子滑落。新京报记者 薛珺 摄

2013年4月21日上午，在荥经县通往芦山县的路边，当地志愿者打出告示，提醒社会车辆不要进入灾区，为救援车辆让行。新京报记者 吴江 摄

2013年4月21日4月21日下午，黄开香等十几位村民在雅安街头等待顺风车，他们已经等待了3个小时了还没有结果。新京报记者 吴江 摄

2013年4月21日下午，驾驶摩托车的志愿者在雅安市318国道上免费搭载家在灾区的人们回家。 新京报记者 吴江 摄

2013年4月21日，四川省雅安市芦山县地震重灾区宝盛乡山体滑坡路段，人们在等待着分批通过。新京报记者 薛珺 摄

救援

2013年4月20日，四川省雅安市芦山县地震重灾区龙门乡的受灾居民站在废墟边。 张晓理 摄

2013年4月21日，雅安太平镇中学广场，空军直升机降落运送救灾物资，并带走伤情较重的伤员接受进一步治疗。 新京报记者 侯少卿 摄

救援

1. 2013年4月21日，雅安太平镇，成都消防官兵分小组在镇上展开搜救工作。新京报记者 侯少卿 摄

2. 2013年4月21日，雅安太平镇医院外，男孩被战士抬进伤员帐篷。男孩地震当天受伤，但路不通，父母徒步送他到太平县医院。新京报记者 侯少卿 摄

3. 2013年4月22日，宝兴县中学安置点，受灾村民暂时在县中学操场安置，这里是宝兴县城最大的安置点。新京报记者 侯少卿 摄

4. 2013年4月24日，双石镇双河村，直升机为村民运来救灾物资。新京报记者 浦峰 摄

5. 2013年4月24日，双石镇双河村，武警四川总队第一支队的官兵和村民一起在搬运直升机送来的救援物资。新京报记者 浦峰 摄

6. 2013年4月24日，灵关镇，大队开始给灾民发放救灾物资，每户可凭户口本领取被子和帐篷，被子2人/套。外地的流动人口要凭营业执照等证件领取。新京报记者 侯少卿 摄

亲人

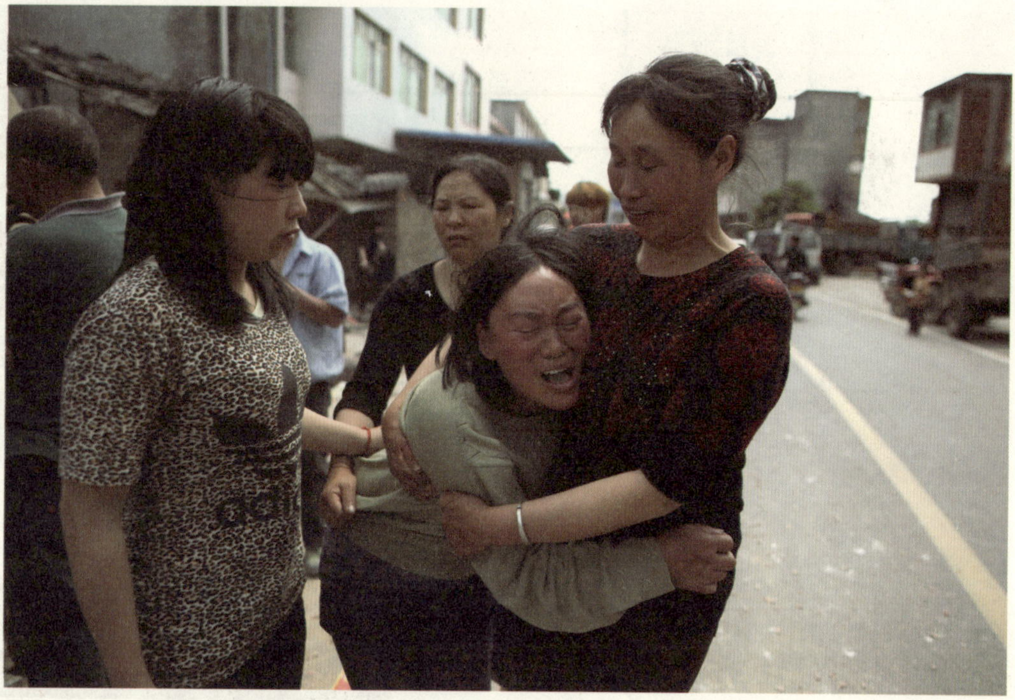

爱子军军的离开，让妈妈岳应翠哭得撕心裂肺。新京报记者 侯少卿 摄

芦山县城，地震灾民在路边。新京报记者 薛珺 摄

2013年4月21日，芦山县太平镇，一位老人坐在震垮的房屋前。新京报记者 薛珺 摄

2013年4月21日，雅安太平镇，救灾帐篷内，母亲的小女儿王中瑞今天刚刚满月。女婴的母亲说她家是木质房屋，受损比较轻。新京报记者侯少卿 摄

2013年4月21日，芦山县宝盛乡凤头村，两位村民走在震垮的房屋中间。新京报记者 薛珺 摄

2013年4月22日，宝兴县中学安置点，老人背着熟睡的孙子。新京报记者 侯少卿 摄

2013年4月21日，雅安太平镇，村民走过垮塌的房屋。新京报记者 侯少卿 摄

2013年4月24日，灵关镇钟灵村安置点，一个男孩亲吻父亲。新京报记者 薛珺 摄

祭奠

2013年4月27日，雅安中学，学生们为地震中遇难的同胞默哀3分钟。远处少年宫的顶钟定格在4月20日地震的时刻。新京报记者 薛珺 摄

2013年4月27日早晨8点零2分，四川省全省为“4·20”地震遇难者默哀3分钟。在芦山县街头执勤的一名交警在工作岗位上为遇难者默哀。新京报记者 吴江 摄

祭奠

"4·20"地震头七芦山县默哀祭奠 在芦山县人民医院参加抗震救灾的各路队伍集合列队为遇难者默哀。新京报记者 吴江 摄

"4·20"地震头七芦山县默哀祭奠 在芦山县灾民安置点生活的灾民为遇难者默哀。 新京报记者 吴江 摄

他|山|之|石

日本为什么不哭

——3·11震灾之后的日本现象

陈　杰

8.8级，日本迎来地震记录史上最强地震。就在这场巨大灾难发生的第三天，新京报记者便赶到了日本，并在福岛核辐射的威胁下，向着灾区步步逼近……

地震几天后，从BBC阿富汗分社来加入我们报道的资深制片人R说："日本是我到过的第72个国家。但是我从来没有见过任何一个像这样的国家，从来没有！有时我觉得自己是在火星上。总部说，你们可以报道一点灾民的不满、激愤。我说，NO！他們压根儿也没有表示出丝毫的不满！这一切都太超现实了。"

——玉丽（英国BBC）

北京时间2011年3月11日13时46分，日本本州岛仙台港东130公里处，发生强烈地震，并引发海啸，最终将此次地震定为9.0级，世界各国媒体通过网络进行滚动报道。由地震引发惨烈破坏力的海啸，也通过飞机拍摄的镜头，通过日本媒体向世界传播，紧紧揪住了人们的神经。世界，弥漫着恐惧和悲悯的气氛。

据日本警察厅公布统计数字：截至2011年11月11日，这次地震造成15836人死亡，3650人失踪，5948人受伤（其中228人重伤）。

2011年3月11日下午4时，我在北京的办公室，计划经停埃及过境利比亚，进入利比亚采访。

日本海啸的破坏力超乎想象，报社决定中止赴利比亚的计划，把重点放在日本。

当晚，我退了去利比亚的机票，联系日本使馆，得到答复，非常时期，日本领事馆决定在周六的下午1时到3时，给赴日本的中国媒体提供绿色签证通道。

与报社领导沟通，确定派出四人小组赴日本，由我带队。13日，遭遇多次飞机晚点后，东京时间大概5时，我们终于到达日本东京。

考虑到灾区缺水少食，并避免给灾区增加负担，出发前，我们购买了够三天的食品和饮用水。当晚，一辆8座丰田面包车，载着我们一行四人，前往仙台市。

由于高速公路部分地段被地震破坏，正在修复中，我们走的是一条通往灾区的国道，沿途部分路段有些拥堵，400公里的路途我们走了9个多小时，14日早8时许抵达。

按照我们的计划，所有人先到达重灾区，探访第一现场，目的是做地震海啸的破坏情况和搜救。尽可能在一线采访那些有过惊心动魄亲历人，让讲述的故事还原灾难的一些细节。而摄影记者，就是记录那些最震撼人心的场景。

日本的救援模式

我们到达重灾区宫城县仙台市閖上的灾害现场，海啸罕见的破坏力，让成千上万的房屋、车辆等被撕裂和揉碎。而在一望无际的灾害现场，救援人员有条不紊的救援工作令人印象深刻。

首先是救援人员的专业，我们看到，一些自卫队官兵、医疗、消防人员在现场搜救失踪人员。灾民非常少，偶尔遇见的，是回到尚未完全摧毁的家中收集可用物品的人。至于类似汶川地震中浩浩荡荡的各种民间机构，各种志愿者队伍，根本看不到。

日本民间救援组织

事后，我从旅居日本的张律师处了解到，在重大灾害发生时，灾区首先启动的是当地民众组成的训练有素、装备精良的自救队，而中坚救援力量，则是日本自卫队，会通过海、陆、空以最快速度抵达，并进行大规模救援，同时参与救援的还有各地专业的医疗、消防等救援力量。

至于为什么没有日本各地的志愿者队伍涌入参与救援，是因为，有着丰富救灾经验的日本，恪守的是“让最专业的救援队来进行救援”的原

民间自发组织的捐助活动

则：一是让最有效的力量进行最专业的救援，提高救援的科学性和效率，避免二次伤害；二是非专业救援队的涌入，可能造成被救援者和救援者自身的意外伤害，也在一定程度上，会占用救援通道等资源。

第二则是募捐活动的井然有序。在地震发生之后，日本非政府组织会在东京等地进行募捐活动，为灾区提供物质和资金支持。而不是纷纷涌入灾害现场，造成混乱。当然，日本各地应急物资储备充沛，遇到重大灾难，足以应付数十天的生活需求。

而且，日本媒体对任何形式的募捐并不渲染，如果单看日本媒体，还以为无人会关心受灾民众。实质上，日本无论官方灾害善后经济援助，还是民间公益机制都非常完备，加上国民本就富裕，援助形态与中国有很多区别。媒体往往只会监督资金的去向，而并不关心资金的来源，更不会成为企业和个人借捐款来宣传形象的载体。

震灾发生后，通往灾区的高速公路都临时封闭，被划为救援通道，除了保障救援车辆通行，日本警方也会给赴灾区采访的媒体提供“特急”证件，保障记者通达灾区各个地方，全面对灾害情况和救援进展进行完全公开透明的报道。

另外就是日本救援人员对灾害中遇难尸体的处理细节，令人钦佩。

日本救援队在小心地处置一具遇难者尸体 。

日本的搜救队发现罹难者遗体后，工作人员带着担架以及白色的裹尸布前往现场，鞠躬志哀，然后小心地把遗体移出废墟，用布盖好。遗体运出后，立刻有救难人员持绿色、白色的塑料布，在裹尸布外再将遗体包裹一层，最后装入裹尸袋，抬上早已等在一旁、用帆布完全封闭的运尸车。为了避免过多地搬动遗体，运尸车总是尽量贴近发现遗体的地方。遗体最终被运到遗体安置所，交给当地警察登记。

自1995年日本阪神大地震后，神户市防灾会议专门编纂了《抗灾对应手册》，书中有“如何搜索失踪者和处理遗体”章节。此次震灾中，日本官民各界处理遗体，就很大程度上参考了上述手册，他们最终的目的，是让死者有尊严地归于尘土。

完备的应急措施

几天里，我们先后进入五所城市的重灾区，发现大量灾民都聚集在各地的学校体育馆内进行避难，虽然没有见到来来往往运送物资的车辆，但各种食品和物资供应充足。

在日本，学校就是灾难时期的避难所，通常学校所在的地点，地势比较高，周围环境比较开阔，无论是地震还是海啸，学校的选择相对是最安

成为临时避难所的学校

全的地段。学校不仅是最坚固的建筑（至少可抗击8级地震），而且还常年储备大量的食品和生活用品，一旦灾难发生，所有的民众便自发的向周边最近学校疏散。

人口1.7万多人的南三陆町市是一个海港小城，90%以上的城市建筑被摧毁。

不深入其中，你无法想象海啸的破坏力：火车被冲断掀翻；结实的钢结构厂房像火柴棍倒下，然后被扭曲；水泥搅拌车像鸡蛋一样被拍碎。海啸所经之处日式民宅建筑无一幸免，整个城市，满目疮痍。

旅居日本的18岁的大连女孩郭国珍说，海啸退后她往家走，一路到处都躺着尸体，家没了，除了房基，什么都不见了。整个城市化为乌有。

日本人西城先生说，地震后，防灾预警发出的警告是3到10米的海啸，靠海岸近的都撤离到山上，离海岸远的没有撤离，他们以为海啸到不了，可是，海啸比预计的要来得更猛，有至少20米高，向海岸线内推进了足有3公里，摧毁着一切。西城说，在山上，他看到成片的人在海浪前奔跑，不过，很快被吞噬，或埋在废墟里，或被大海带走。1.7万多人的海港城市，人口失去了五分之三还多。

所幸存的数千灾民，聚集在没有受震灾丝毫影响的两所学校内。学校

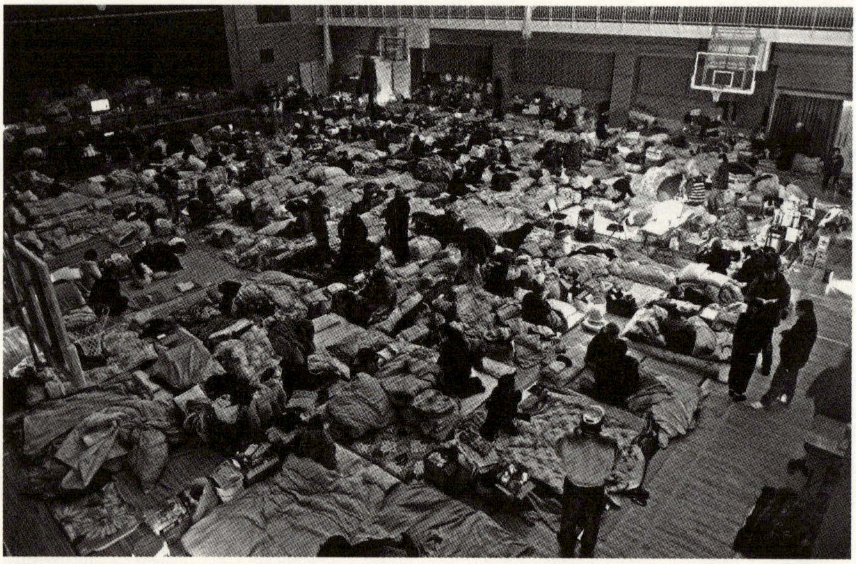

海啸发生之后的避难所

坐落在半山腰，均有十多个足球场大小，灾民们基本分布在学校内数个大型体育馆和学生宿舍内。

国民的自我约束

我遇见灾民领取食物，虽然物质领取并不限量，发现灾民从来不多领取。通过翻译我了解到，一位灾民说："够吃够用就行了，能省就多省点，灾难不知道什么时候结束，要做好长远打算。"这是所有灾民自觉行为，养成于他们自小就开始的灾害意识训练。灾难本身和灾害之后的冷静应对，所有人携手抗击灾难，是他们最基本的认知，也是他们面对任何灾难处事不惊的原因。

排队领取救灾物资的日本民众

在仙台市，我们还遇到一个"意外"。

一天晚上，途径受灾城市之一的仙台市，在一家餐馆就餐，接待我们的是一位50多岁的女士，吃完饭我按菜单价格买单，买完单，发现店主多找了我不少钱，我赶紧退给店主，然而店主告诉我，她给我们的价格是菜单的价格八折。同行的日本向导岛田说，发生灾难后，在灾区，各种物品的价格不会涨，反而有些降低，很多经营者认为，国家受灾，作为有能力为国家分担压力的个人也要承担一些责任，于是，生意人会把急需品的价格降低，供给需要的人。“不会有人发国难财。”他说。

在新潟中国灾民转场处，我们遇到一个纠结的问题。

两个在日本食品企业工作的中国女孩这样描述：“我们被日本老板扣留了钱财，他们不想让我们逃走，要我们加班生产，不顾我们安危。”她们最终拿着护照离开了工厂，到达中国灾民转场处，等候中国驻日本使馆人员为他们订机票回国。

而在日本定居24年的北京人大野洋子，目前是日本国籍的华侨，她这样分析：“这时候，如果是日本人，他们会留下来，他们知道现在最缺的就是食品，老板会拜托员工留下来，多生产食品。”她说：“老板绝不会是因为多赚钱而要求加紧生产的，因为，老板知道灾难会影响食品供应，他们要维持这个稳定，为这个国家主动承担责任，他们会在价格上优惠，或者无偿供应。”

两相对比，我们或可做出更多理性的判断。

透明的媒体报道

16日，核辐射危机，愈演愈烈。

日本震灾最大的次生灾害是核电站危机，核电站主管单位东京电力公司，为此，日本政府在东京东电集团和福岛县府专门设置了救灾指挥部，

救援指挥中心

两处指挥部聚集了日本原子能机构、自卫队、警察、消防、医疗等各个系统的人员，协调指挥处置核电站核泄漏。

两处地点，专门设置了发布会现场，全天24小时，基本是每一个小时，就举行一次发布会，向媒体通报救援情况。同时，日本政府在全国范围内，进行动态放射能检测，每小时公布一次数据。通过媒体向公众发布，并通过权威专家向国民解释放射能的危害程度和防范措施。

日本媒体对信息的及时发布

我问日本人岛田，你相信政府通过媒体发布的这些信息吗？他说他非常相信，因为他们觉得媒体非常负责任，政府也不会撒谎。我告诉他，中国内地对日本核辐射非常恐惧，并爆发了“抢盐事件”，因为中国老百姓非常担心辐射源污染到中国。岛田听了非常诧异，他说：“我们都不怕，你们那么远，还怕什么？”

在日本，我们无论去哪个地点采访，只要告诉他们我们是记者，并不需要任何证件，只要在登记簿上写明来自哪个国家哪个媒体的记者，就可有和日本任何媒体完全一样的采访权力。在日本，媒体记者是被高度信任的职业，没有人会认为普通人冒充记者，因为，记者只是一个发掘真相的职业，没有寻租的空间。

日本媒体对灾害的报道也非常克制。

无论是最有影响力的电视台NHK，还是最有影响力的报纸《读卖新闻》等，每天报道的是灾区救援进度，很少见到煽情的文字和图片，尸体的图片完全看不到。

报道的主要内容是灾害的进度，包括死亡和失踪人数的变化情况。对于死亡者，各个报纸都用加黑框的版面，将每个遇难者的名字、性别、年龄和所在地都写得一清二楚。

报道最多的内容是灾区天气情况、灾民安置情况、官方处置进度，以及各种防灾应对知识。

值得一提的是，媒体对官方的救援一直采取的是质疑态度，没有任何对政府措施的大加赞扬，而是对任何细节上的不力进行强烈质疑。据报道，在灾害发生时，菅直人没有到灾区，受到了公众质疑。菅直人政府发言人称，因为唯恐给灾区添乱，所以没有占用救灾资源到访。

在福岛核危机发生时，菅直人乘坐直升机进入核电站周边空域进行视察，后被在野党和民众再度批评，说其此行毫无作用，浪费资源。

菅直人无论去不去灾区，都会被媒体批评，这促使执政党处理任何问题都非常谨慎。

在对于冒着生命危险进行核辐射处理的五百名各个行业的工作人员，

田村市核辐射30公里处

日本媒体的报道，和我们国内灾害报道模式有鲜明的不同。

面对核辐射，这是一场与“看不见敌人”的生死决斗。过去的一个月里，在举世瞩目的福岛核电站，至少五百名工作人员，忍受饥饿、寒冷、恐惧和病痛，昼夜奋战在最危险的第一线。他们中，有自愿救险的敬业者，也有被迫前往、随时想逃的“胆小者”。

很多人是在东电高层的动员下，自愿赶赴核电站救险。27岁的佐藤大辅在3月16日乘巴士赴核电站，他将参与反应堆的冷却工作。在出发前，他对日本媒体表示，“无论如何，总要有人去（核电站）的，于是我就决定去了！”“如果专业人员都跑得远远的，那民众还能相信谁？”

当然，在核电站抢险的工作人员，也有很多“被迫”，或在不知情的情况下赴电站的人。

有勇敢者，也有被迫者，这是核电站众“勇士”的实情。

“在核电站，并不是所有的人都像自卫队员和消防队员那样，带着强烈的使命感在现场奋战。像我这样，被各种原因逼迫，不情愿地来这里做危险工作的人也不少，我们都很害怕，想从核电站逃出去。”一名工作人员说。

但是，对于这些“胆小”的“勇士”，日本媒体依然予以高度评价，“无论如何，他们所做的工作，都是我们无法完成的，因此同样能以‘英雄’称之。他们代替只会下命令的政府、企业奔赴现场，承担重大责任，如果不对这样一班拼死工作的人予以肯定，那日本就没有重整旗鼓的希望。”

日本为什么不哭

日本长期以来屡屡遭受各种重大地震、海啸等灾害的袭击，为培养国民应对灾难的能力，日本政府除了建设世界上最坚固的建筑，还防患于未然，在全国范围内建设了大量避难所，并进行充足的物资储备。同时，他们通过学校、单位和民间，组织国民进行各种级别的抗震防灾以及战备演练，无论大人还是小孩，都具备出色的相关技能。

而且，日本在每次灾难后，无论从科学研发还是基础设置的建设上，不断寻找不足，并及时弥补不足，以灾害为鉴，痛定思痛，用最严谨的态度来推进世界上最完备的灾害应急国家战略。

面面俱到的准备工作和对细节的重视，使得日本人在受灾的时候，心理自然趋向平稳。与其说是日本人的性格善于自我安慰，不如说是良好的社会措施赋予了他们面对灾难的安全感。

日本作家新井一二三曾经说过：日本人是非语言化的民族。

大地震后，日本人安慰自己的话语，出现最多的也就是：请加油。没有任何哀痛和悲切的字眼。

在灾害现场，很多日本人面对逝去的亲人和失去的家园，也没有悲天悯人，只有非常平静的忧伤。比如在23日的集体土葬现场，日本政府用非常简陋但庄重的仪式为逝者安葬，在场与遇难亲人告别的家属，也尽可能的克制着情绪，为亲人祈祷和送别。

2011年3月23日，灾区的集体土葬。

这些非常考验中国摄影师，因为这里与汶川地震、雅安地震时中国人情感表达有很大的不同，需要对日本这种文化积极地去了解，然后调整思路，挖掘不同文化背景下的人类共性的价值观。

大地震以来，甚至在日本报纸和电视中，你看不到那些悲切的字眼。

16日，日本《产经新闻》的两个巨大的通栏标题，两个标题大意是“让时间停滞，等待奇迹发生的瞬间”“遥远的故里，我何时能回来”。这样带有情感的标题，在日本报纸上非常罕见。

1995年日本阪神地震时期，电视台还惯用渲染性报道手法，日本人的慌乱在屏幕上尽显无疑，但现在，电视台对地震分析的技术含量远远超过了它的社会含量，有意识避开在灾难当中无益于集体行救的煽情成分。

日本的电视和报纸等媒体，不会制造超级英雄，他们遵从日本人的集体主义思想，救援队为了遵从高效率高精确的守则，也控制住了他们在现场所应该表现的冲动式和邀功式行为。

正是这种集体主义的心理，使得震灾后普通日本民众让世界见识到了他们处事不惊的一面。他们自觉发挥“隐忍”的民族特性，即使在灾难中，也要克制情绪，维持着惯有的秩序。

日本思想家新渡户稻造（1862-1933）在《武士道》“克己”所描述的：“一方面，勇的锻炼要求铭记着不哼一声的忍耐；另一方面，礼的教导则要求不要因流露自己的悲哀或痛苦而伤害他人的快乐和宁静。这两者结合起来便产生禁欲主义的禀性，终于形成表面上的禁欲主义的国民性格。”

一定程度上，日本在推行西方文明的过程中，并没有抹去他们崇尚的武士道精神，因为正是其国民心理素质的坚固性，造就了他们对所有优良文化的吸收和兼并。

（作者系新京报摄影图片部主编）

日本是个自然灾害多发的国家，这使得日本国民性中的防灾意识很强，而这并非先天，而是源于其教育的培养，行政上的组织和尤为重要的媒体宣传。日本媒体在灾难报道方面也承担着重大的社会责任。

日本媒体的自然灾难报道及其反思

周永生

日本人的自然危机意识如与生俱来的附着品一样，潜藏在每个人的深层意识中。这可能和日本自古以来面临的严酷自然环境与相关教育和后天培养有关。日本是个自然灾害频发的国家，地震、台风、海啸、火山、暴雪、火灾、洪水等经常袭击这个西北太平洋上的岛国，悲惨的后果和严重的损失使他们培养了强烈的灾害危机意识，可以说，日本人、大和民族是世界上对自然灾害危机意识最深刻、最敏感的人群之一。由于日本是个自然灾害频发的国家，因此，日本国民性中的防灾意识很强，并且，一般民众都具有一定的防灾知识和技能。当然，这种防灾意识并非先天就有，而主要源于教育的培养，行政上的组织和媒体上的宣传。因此，日本媒体在灾难报道方面也承担着重大的社会责任。在灾难报道方面，日本媒体尤其注重发挥这种社会责任。

一、救灾是根本，通报救灾信息第一

在2011年“3·11”东日本大地震以前，日本媒体揪住首相菅直人接受韩国人104万日元政治献金的丑闻不放，大有要逼迫其首先辞职的意味。但是，大地震爆发以后，所有的媒体立刻放弃了对这个问题的追究，转而全力报道灾情和救灾情况。

日本的救灾报道尤其突出要及时准确播发灾害信息，以便以各种方式通知民众及时躲避灾害。如果遇到地震、海啸等自然灾害，日本的广播、电视等各种媒体都在第一时间进行播报。哪怕是正在播送比较重要的正常节目，也要暂时将正常节目中止或覆盖，中间要插播灾害报道。而且，一般大一点的灾害，不仅地方媒体如此，连中央和全国一级的一流大媒体也这么做，包括NHK、富士电视台、朝日电视台、TBS等无不如此。日本媒体为什么要在第一时间紧急播放灾害消息？很显然，其目的就是要通知人们紧急避险，紧急躲避和防范灾害，以便减少生命和财产的损失。日本广播、电视等媒体对灾情的播报以及时、准确而闻名，以至于很多民众在地震期间，为了防止余震再度发生，都会开着电视或广播睡觉，自觉或不自觉地形成了对媒体播发灾害信息的依赖。如果一旦发生房屋摇晃等现象，普通民众一般在30秒内就会打开电视关注和收听相关消息。

一旦播发紧急灾害消息，会不会引起社会恐慌？日本媒体没有这样的顾虑。他们认为，只要你知道消息，哪怕你恐慌，也会有逃生和救生的准备，总比完全不知道消息被蒙在鼓里要强。而且，日本全社会，包括政府、企事业单位、居民社区、学校、幼儿园等经常举行各种各样的防灾演练，人们也不会惊慌失措。同时，由于日本的地震、海啸、台风等频发，人们对各种自然灾害的通知、通告习以为常，遇到这一类的播报，不仅不会惊慌，有时会显得泰然自若，甚至表现出一种若无其事的麻痹倾向。2011年“3·11”大地震，日本民众那种处乱不惊的表现中，可见一斑。因此，日本基本上不存在播发灾害报道引发社会混乱的情况。

在灾害尚未结束和救灾的过程中，日本媒体报道的重点是：什么地方现在以及后续还存在着什么样的危险，需要如何处理才有利于防范；某地某处还缺少什么样的物资和工具，需要给予关注；包括及时想办法解决问题等。报道的侧重点在于如何减轻灾害，乃至最后消除灾害。NHK电视台报道局编辑主管松坂千寻在事后总结NHK的报道方针时指出：在大地震过后，第一个阶段的报道高潮是告诉人们“请马上逃生！”因为在大地震过后，最快的海啸冲击波要等30分钟才能抵达海岸，因此，这个时候就要全力以赴告诉人们迅速逃生，躲避海啸。[注1] NHK电视台当时播放一套视听小画面，并不断用滚动字幕提醒人们迅速躲避灾难。第二个阶段，是在这以后的数天之内，报道的重点放在怎样施救才有利于延长受灾者的生命，以及对于灾后生活能发挥作用的报道上，并提供每一个受灾地区的食品、燃料等情况的详细信息。这时，没有相关信息的地区反而容易发生信息危机。在这些方面，综合电视中的教育频道，数据广播，网站等也可以分担这种作用。[注2]

注1：[日]『東日本大震災の教訓生かす　NHK・松坂千尋氏、災害報道と備えを説明　マス倫懇月例会』、日本新聞協会网站，2013年6月30日登录，http://www.pressnet.or.jp/news/headline/120910_1913.html。

注2：[日]『東日本大震災の教訓生かす　NHK・松坂千尋氏、災害報道と備えを説明　マス倫懇月例会』、日本新聞協会网站，2013年6月30日登录，http://www.pressnet.or.jp/news/headline/120910_1913.html。

二、客观报道，突出事实真相

日本的灾难报道一般都比较客观，尤其不会宣传政府、领导人和公务人员如何英明、如何英勇、如何忘我尽责。在他们看来，政府、领导人和公务人员尽职尽责，这些都是理所当然的，没有必要通过宣传报道加以突出。但出了差错，却可能将其报道出来。

日本媒体基本上都是客观地报道灾情，客观地报道救援的情况。有时，还会报道灾难中不好的人和事情。在2011年“3·11”大地震的时候，最初有很多的负面消息报道。但到3月13日以后，负面的报道基本就没有或者很少了。这和日本政府对媒体的引导和统一口径有关。当时主要的考虑是再次发生余震、海啸的危险还没有完全结束，核泄漏的危险和危害日趋增大，民心已经出现动摇和混乱的状态，必须对民众进行正面的引导，防止人心混乱。即使有这种报道思路作指导，也仅仅是减少了一些负面新闻的报道，增加了一些好人好事的客观报道，而基本上没有主观刻意渲染的成分，并没损害媒体报道的客观性和真实性。日本媒体人认为，救灾时刻是关键的时期，应该将宝贵的媒体时间和版面用来报道对救灾和灾民有用的信息上，而不必用来表彰某些个人和团体好的表现方面，那样做对于救灾本身没有太大的意义。

三、回避与人员相关的残酷画面

日本媒体的灾害报道一般不会将和人员有关的残酷场面暴露于受众的视野中。他们特别重视受众的内心感受。1995年阪神大地震中，日本媒体大量航拍报道了扭曲断裂的高速公路、一片火海的居民区，残酷的灾难画面给人们造成了很大的视觉冲击。这以后，日本媒体进行反思和自律，减少此方面的报道。“3・11”大地震发生时，日本媒体对巨大海啸越过防波堤冲击城镇和民居房屋的自然破坏力依然进行了比较密集的报道，但却几乎没有人员死亡画面的血腥报道。遇到人员死亡的场景，基本上都打上了马赛克等进行遮蔽。日本东北三县在大地震中遭到海啸重创，福岛核电站核泄漏给日本民众正常生活蒙上了一层阴影，带有极大的不确定性。日本媒体对于海啸破坏的巨大震撼场景依然有报道，但是，基本上没有地震和海啸人员死亡的残酷画面。

四、媒体严格自律，停止娱乐节目，对受害者保护隐私

各个媒体严格自律，在地震以后，几乎停止了一切娱乐节目播报，日本民众也自发掀起了自肃风潮，大量取消举办婚礼、公司入职仪式，歌唱会等喜庆活动。连电影公司也取消或者推迟了一些电影的播放，恐怖影

片《仪式》、中国影片《唐山大地震》、电影《要人警护官：革命篇》、《忍者乱太郎》《奈奈与熏》等电影都受到了波及。这其中缘由包括有些影片属于恐怖片，有些和地震的伤害直接相关，有些则属于娱乐性质，都不适合在大救灾还在进行的过程中播放。

媒体在对死难者家属采访时，尽量回避使受难者家属悲伤和尴尬的问题。而且，对被采访者往往采取只露出身体的背影，脸上打上马赛克，声音进行变声处理等方式。即使受众感觉到采访的真实性，也不让受访者有为难和难堪之处。

“3·11”大地震中，由于福岛核电站的核泄漏和其他核电站危险的状态，日本大量关停了核电机组的发电，出现了电力短缺的严重局面。

NHK电视台则从3月15日至19日限时停止教育和卫星两个频道的节目，播放时段只播出与地震相关的新闻和生活情报。日本新国立剧场运营财团宣布受地震灾害影响，为了节约电力该剧场三月份的所有演出全部取消。堂本光一、藤原纪香、AKB48等艺人的演唱会和演出也宣布为保证救灾，节约电力而推迟演出。

五、统一报道口径

受到战前军国主义政权利用媒体推行军国主义扩张政策的影响，战后通过全社会的反思，十分强调媒体报道的客观性和自由性。日本政府也没有一个对媒体进行统一管理的机构。限制媒体的自由报道是日本社会的一大禁忌，但是，这并非说日本媒体完全可以没有限制地报道。对日本媒体报道行使约束作用的相关法律主要是《个人信息保护法》，防止侵害个人隐私，禁止伤害性报道等。另外还有2003年通过的“在面临武力攻击情况下对国民实施保护措施的相关法律”（国民保护法）。其中规定，原本是企业的民间机构，在战争和面临武力攻击等“非常”情况下，可被视为“公共机构”，这些公共机构要依法行事。这些机构主要包括电力、运输企业和广播、电视等媒体。广播电视有义务承担政府信息部分传达者的义务。这些法律规定固然对日本媒体的灾害报道具有重要的约束作用，但实际上，最能够发挥对媒体作用的还是日本政府的引导和指导性的政策。而政府引导和指导性的政策发挥作用的中间凭借和渠道，则是记者俱乐部制度。

日本记者俱乐部并不是日本记者的自由组织，而是一个实行单位会员制度的联合采访团体，由各家传媒与被采访的执政党、国会、政府各机构以及大企业联合起来，垄断采访新闻市场，统一报道口径的民间新闻机构。它通过举行记者会、午餐会和研究会而展开活动。[注3] 该机构和各大政府机构、大公司具有紧密的业务联系，在相对固定的时间、固定的地点阻止本机的会员记者听从其新闻发布，并对其进行新闻采访。加入日本记者俱乐部的会员单位和记者才有可能行使这种采访权。否则，没有参加新闻发布会和进行采访的机会。即使加入日本记者俱乐部的记者也不能随意抢发新闻，而必须按照政府的指导发布相关消息，否则，将要受到除名、不能升迁等处分。有关灾害报道，记者俱乐部的记者更要听从诸如官房长官等新闻发布会的指导，以便统一关于灾害报道的口径。因此，日本表面可以自由报道的媒体，实际上通过日本记者俱乐部的制度，基本上无法进行自由报道，而完全处在政府的指导和引导之下进行相关的灾情和救灾新闻报道。

注3：[日]『日本記者クラブについて』、日本記者クラブ网站，2013年6月30日登录，http://www.jnpc.or.jp/。

因此，即使在有关灾难的报道中，我们也可以看到，日本各大媒体的报道大体上一致，内容普遍雷同，很少表现出个性化的报道和特点。这是日本灾难报道中比较败笔的地方，根源在于日本媒体报道中的日本记者俱乐部体制。这种体制和机制如果不进行根本的改变，日本的灾难报道和其他报道将始终处于政府隐形控制之下，很难做出具有个性化、好的报道和新闻播发。同时，也损害了资本主义国家所推崇“自由”的根本理念。

六、不断反思报道伦理问题

日本社会和媒体业界对灾难报道有强烈的道德反思意识，日本一般称为报道或媒体的“伦理”问题。“3・11”东日本大地震以后，痛定思痛，日本媒体、大学、研究机构和社会团体举行各种各样的学术研讨会、恳谈会探讨灾难中的媒体报道伦理问题。日本媒体报道的伦理问题主要关注报道的真实性、公平性，评论的正确性，出版自由，尊重人权，信息来源的保密性，反对有偿新闻等重要事项。这和国际主流的报道伦理没有大的差异。日本媒体尤其重视对核泄漏事故的新闻报道反思。日本媒体之所以十分重视对灾难报道的反思，一是要寻找一个中正客观的报道尺度，建立一个良好的灾难报道的框架体系；二是要对将来的灾难报道负责，期待能够通过经验和教训的反思，使未来新的灾难中能够更好地把握报道的尺度，为社会提供更好的防灾和救灾服务。日本媒体一些人士甚至指出了要准备对未来可能出现的东京地区直接下陷型大地震，以及日本中西部沿海地区的“南海海槽”大地震做具体的报道准备。

日本媒体之所以要防患于未然，提前对可能出现的地震进行具体的准备也和日本体制允许科学家在自然灾害方面可以提前大胆地公布预测结果有关。2012年8月29日，日本举行地震专家委员会会议，公布对未来地震的预测结果。他们认为，如发生日本中西部沿海地区的“南海海槽”大地震，地震强度将是东日本大地震的1.8倍，引发的海啸会直接袭击日本东部海岸沿线大部分城市；死亡人数预计最多将达32.3万人，海啸将淹没滨冈核电站（静冈县御前崎市）。[注4]委员会呼吁中央政府及各地方政府必须从根本上重新制定地震防御措施。这种对未发生地震灾害大胆、公开的提前预测，对形成对自然灾害报道的预案也产生了积极影响。

注4：滕雪：《日本专家预测南海海槽大地震9.1级 或32万人死》，2012年08月30日19:53，来源：人民网，http://news.sohu.com/20120830/n351953909.shtml。

综上所述，日本媒体对自然灾害的报道对于防灾减灾，减少生命和财产在自然灾害中所遭受的损失发挥了巨大的积极作用，值得给予充分的肯定。无论是在灾难发生前，发生过程中或是灾后，日本媒体的一些做法都有可取之处，值得中国和其他国家普遍借鉴。同时，日本媒体的不断反思和不断改进自然灾难报道的探索精神也值得中国借鉴和学习。当然，中国和日本在国情和国民的社会生存状态方面也有一些不同，因此，对于日本经验的借鉴不可以盲目照抄照搬，而要注意因地制宜。

（作者系外交学院国际关系研究所教授）

灾情信息的内容越丰富，越能安定民心、减少损失；但没有好的传播渠道，政府就算有再好的防灾计划、救灾行动，民众也无从得知。因此，媒体不应只是报道灾难而已，还应当在政府的救灾体系里担任适当的角色。

台湾媒体灾难报道特点及反思

赖锦宏

台湾是个地震、台风多发地区，每年有感地震数百起，登陆或造成威胁的台风年平均十二个。历经“9·21”大地震，纳莉风灾等大型台风灾害。台湾的经验，或许值得与人陆同行交流或提供参考。

在重大灾难发生的时候，除了救灾人员，第一个到达灾变现场的，通常是媒体工作者。他们为了将灾难发展的情况迅速地报道出来，尽可能多地掌握消息来源，追查真相，有时甚至不惜冒着生命的危险追求独家新闻，这时便常常会跟维持现场秩序的官方单位，因为立场上的不同而发生冲突。

媒体一拥而上甚或扩大了灾难，报道显得杂乱无序，对灾情有重复报道？灾难现场应该如何报道，怎么报道才专业？这些都是两岸媒体人都必须反思的问题。我亲历河北张北大地震、四川汶川大地震和雅安芦山大地震现场报道，对两岸灾难报道有如下看法。

报道的顺序

灾难发生，首先要保证的是民众的生命财产安全，减少伤亡是最重要的。媒体第一时间是发出警讯，例如：气象局或地震局发布海啸或地震讯息后，方便居住在海边、悬崖山区等地区民众，在最短时间撤离，即使仅仅只是几秒的时间，足以离开房舍，或冲往安全避难地区。电视台和网络媒体可在第一时间发布讯息，方便阅听大众掌握逃生时机，或通知居住在高危险区的亲友。

其次，是灾情。什么地方受灾、灾情如何，多少房屋倒塌、多少人死亡、多少人失踪、多少人重伤，有多少民众被围困，这是媒体灾难报道最主要的部分，也是民众最关心的内容。媒体会在大地震或台风期间，维持最长时间的时段或给予最多篇幅。包括可能还有多少级的余震、后面是否还有风雨，将持续多久。这些讯息必须最快地让民众知道。

包括灾民需要什么，可以去附近哪一处的小区或政府“紧急避难中心”得到救济，可以获得水、食物、棉被、帐篷等生活必需品。媒体在此时播出讯息，一方面可以使救难人员和义工（志愿者）组织有充分的准备，不会盲目捐物品；一方面也使灾民的需求最快获得满足。

再就是交通状况。大灾难来临，民众最关心的是出行状况。飞机航班是否正常、高铁及火车是否中断或延迟、地铁公交和接驳巴士是否停驶，这也是民众高度关注的焦点。例如台湾“9・21”大地震后，各县市想去中南救灾的台湾民众把中山高速公路塞爆，因此电视台或广播电台就对路况的报道相当重要，可避免不必要的堵塞，使灾区对外交通保持通畅。同时，方便救难人员和重型救灾设备在第一时间赶抵灾难现场。

此外，包括公家机关的考试中止、各学校停课的讯息公布，对民众也非常重要，免得在大灾难后空跑一趟。再就是灾情造成了民众哪些不利影响，例如，蔬菜、粮食、禽肉、奶蛋类供应链的中断，使民生生活受损。这类讯息报道，可让政府相关部门做紧急调派，平抑灾区物价，补给灾区需求，维系灾区社会秩序的稳定。

对于救灾人员，如警方、消防、军队赶赴现场的相关报道，一般不在第一阶段出现。这些公职人员前往灾区救灾，一是谨守本职工作，二是奉政府命令调派去救灾，本来就应该的，若没有特别重大事迹，不必要占用媒体资源做太多报道。

灾区人物故事、救灾时发生的感人事迹，这都是第二阶段才做的报道，例如地震后的第二个星期。配合持续发生的灾情报道，这些故事穿插其中，而不是以主要的篇幅来报道。至于领导人到灾区视察、去灾难或台风指挥中心视察，这些都是第二、第三阶段的报道，也不会做成新闻报道的重点。民众并不关心领导人如何如何指挥，包括救灾和应变，这都是公仆应该做的。

对于灾区民众对政府的呼吁，也是第二阶段的重点。包括实时了解他们还需要哪些物质或资源补充。各民间组织的救灾服务，如台湾四大佛教组织法鼓山、佛光山、中台禅寺、慈济功德会等的救灾服务，给民众准备热食、发放食物和御寒衣物等，都会放在第二或第三阶段。

报道的内容

灾难来时，灾害本身就会造成民众的惊恐，灾难新闻报道应当避免民众进一步悲伤或惶恐。《联合报》有个不成文的规定，不要拍摄罹难者的尸体。“死者为大”是中国人固有美德，尽量避免在媒体中出现尸体的画面，避免造成死者家属的困扰和读者不适。

在四川汶川大地震中，曾有一次在处理这类照片时，采取的方式是拍局部，或用意像化手法拍摄。例如，被救灾人员自瓦砾堆中挖出的学童尸体，只拍摄她露在单架外的手，手中还握着笔；再如，汉旺镇东汽机厂附近，有个篮球场，当时停了上百具白色尸袋，只透过树梢来拍摄全场，定焦在树枝上，模糊化停尸停满篮球场的画面。

受众可以从照片中，清楚感受到灾难的巨大和可怕，但不会引起不舒服的反应和责难。也是对罹难者的尊重。

2011年东日本大地震，电视台播出海啸淹过小镇，把房屋冲倒，镇民、汽车被冲走的画面，震撼全世界，但那样的场面，也让很多受众内心的惊恐久久不能止息，甚至需要心理复健。

台湾“9·21”大地震，台北市东星大楼倒塌、“博士的家”倒塌的电视画面，也让民众久久无法忘怀。对于那些特别惨、特别难受的画面，媒体在报道时，应自我节制。台湾《苹果日报》过去常在车祸和灾害报道中，把血淋淋的尸体或受伤民众的画面刊出，引起很大争议，曾被台湾媒体人和传播学者口诛笔伐。

在台湾有了NCC（“国家”通讯传播委员会）后，媒体的自我审查机制更为强烈，太惨的画面，考虑不报道或用技术性处理。例如，有血腥、未成年者，电视画面打上马赛克。必须考虑到观众及读者的情绪。

另外，面对重伤者或昏迷者，尽量不去照他的脸，或特写，避免给伤者及其家属造成“二次伤害”。这是一种尊重，也是一种媒体克制。其次，灾难新闻和一般新闻一样，要求的是事实，竭尽所能作最逼近事实的报道，而不是煽情。

在多次台风、洪水及山崩等灾难现场，台湾的商业电视台记者常常会用高亢尖锐的音调或极快的语速，配合灾难画面，或加之受灾民众的喊叫、哭喊、昏厥等镜头，虽然为电视台冲高了收视率，但也让民众质疑这种因受灾或亲人离世后的情绪性激动反应，会让灾难报道以偏概全。在大灾难后，民众需要了解灾情、面对灾情，进而和救援者一起携手解决问题，而不是扩大灾难情绪的社会影响。

这样的检讨，在每次灾难过后，台湾媒体本身都会做自我检讨，甚至写出专题。比较日本、美国、英国和台湾在灾难报道中的不同，给予自己警惕，“只要事实，不要煽情”。

报道的操作

在日本阪神震灾时，有位日本商业电视台的女记者身穿鲜艳的套装在灾区联机，引起灾民不满，或把老人从帐篷里拉到寒风中，问些莫名其妙的问题。不过最严重的问题，是记者对灾难现况的无知。例如在地震发生后不久，一名记者在灾区作电视现场联机时，面对观众说：“此刻这里非常缺水，希望全国观众请送水过来。”灾民缺水是事实，但是记者未查明救灾单位会采取的措施，或缺水的状况会持续多久，反而直接叫观众送水来，这恐怕不但不能缓解灾民缺水的状况，反会引起更多混乱。

雅安芦山地震中，有位地方电视台女记者穿着婚纱做现场报道，也引起很大的讨论。这么大的地震，穿着婚纱报新闻，是炒作自己，还是真的没时间穿上普通套装？再者，央视在报道灾区帐篷医院时，记者冲进医院，画面直接拍到伤者的脸部、已经呈现昏迷状态的伤者，甚至拍摄伤者家属跪求医生、哭天抢地的画面，这涉及对伤者和家属的尊重，也都被民众在网络上评论。

灾难现场聚集的媒体人员众多，主管单位与媒体的互动以及现场秩序的维持，也是灾难传播的一个重要议题。“9·21”地震，台北东星大楼的倒塌现场，在事件发生后迅速拉起了警戒线，但还是发生有记者假扮救灾人员混入现场企图采访而被市府官员识破的情形。

但是由于台北市政府坚持警戒线的权威，对官员或媒体都一视同仁，所以大部分的媒体都愿意遵守采访规则。而台北市政府主动寻找警戒线外的制高点，让媒体拍摄救灾画面，并定时公布救灾进度与伤亡数字的做法，也让媒体因为有适当的信息来源而配合管制。

而在四川汶川大地震、芦山地震后，堵在前往灾区路上的，除了救灾人员、志愿者外，最多的就是媒体人员。如何不让媒体的报道妨碍了救灾分秒必争的速度，是政府有关部门必须事先想好，并且有做好规划的。

在1995年日本阪神震灾、1999年台湾集集镇“9·21”地震当中，都曾经发生过媒体为了报道而妨碍救灾的情形。其中直升机噪音干扰救难队搜寻生命迹象的问题，在日本和台湾地区也都在业内引发讨论。

反思与改进

媒体在防灾、救灾体系中的重要性是毋庸置疑的。灾情信息的内容越丰富，越能安定民心、减少损失；但没有好的传播渠道，政府就算有再好的防灾计划、救灾行动，民众也无从得知。因此，媒体不应只是报道灾难而已，还应当在政府的救灾体系里担任适当的角色。

在日本“3·11”大地震后，日本媒体如NHK等的冷静、克制，既要尽责地实时传达灾害信息，还要扮演安定人心角色。这种专业制度和训练，让台湾媒体和新闻人有许多的反思。如何做好灾难报道，各媒体平时除了加强对记者的训练和灾难专业知识的培养外，还需有更多人文思考和社会关怀，例如考虑到灾民心情，如何正确、客观、冷静地传播灾情讯息，“种种努力都在确保媒体成为防救灾的助力，而不是用惊悚煽情的画面和故事拼收视率。”这些都是未来要努力的。

（作者系台湾联合报记者）

传媒伦理

灾难报道美德伦理的动机之辩

——兼论“最美新娘”女主播遭争议

刘海明

2013年4月20日，四川雅安芦山发生7.0级强震。当天即将举办婚礼的雅安广播电视台主持人陈莹，刚化完妆不久，披着婚纱出镜采访，向观众报道当地的地震情况。四川卫视以《雅安台节目主播陈莹婚礼与地震，穿婚纱报道灾情》为题对此事作了报道，让陈莹获得了“最美新娘”的美誉，成为当时的新闻焦点人物。而与此同时，不少人对陈莹穿婚纱出镜表示质疑，认为“最美新娘”是作秀和在自我炒作。

"最美新娘"

人在公共场合的言行举止，无不被置于伦理的考量之下。一个人不得体或出格的言行，在伤及他人的同时，还受到伦理规范的制约，最终也有损于行为主体自身。批评与规范，并非伦理的全部。除此之外，还有一种被称作美德伦理[注1]的东西，美德伦理折射着人性的光辉，因而为世代所推崇。美德伦理对社会生态有较高的依赖：在道德沦丧的时代，人性中恶的一面变得显性，美德的东西显得弥足珍贵。越是珍贵的东西，越是相对地脆弱，并容易受到质疑。灾难报道的美德伦理，存在的情境特殊，更易招致质疑的声音。

注1：[德]黑格尔：《法哲学原理》，杨东柱、尹建军、王哲编译，北京出版社，2007年版，第71页。

美德动机 本能还是理性

在社会领域，不论是个体行为还是集体行为，要对这些行为进行解释，就必须寻求这些行为的动机，以解释行为本身。就动机的本质而言，它表现为人的某种内在驱动力。许多时候，当事人自己也未必能清楚这种驱动力究竟为何物，只能含混地说自己“不由自主”地做了什么。这种“不由自主”，即人们通常所说的“本能”。

我们无法观察到本能自身，只能通过某些经常发生的行为来认识本能。本能具有与生俱来的特性，在特定条件下，本能即一个人会必然作出的反应。然而，本能并不是人的全部。决定行为的动机，固然与人的本能有着太多的关联，但本能只是构成一个动机的重要因素。在本能之外，人的动机还受人的理性制约。

理性是人可以自我决定自己行为的一种特殊能力。理性是思维的产物，为人所独有。一个人的行为，既受本能的驱使，也受理性的束缚。个别时候，理性的束缚可能失灵，并不等于人的理性没有起作用。举个例子，在强烈地震刚刚结束之时，一个人既可以选择离开现场，也可以选择留在现场。这样的选择，与这个人一贯的性格有关，同时也与其斟酌利害关系有关。趋利避害，讲究的是两害相遇取其轻，本能更多在瞬间起作用。这样的作用也许相当强烈，足以影响一个人的行为，比如逃生的本能敦促其逃离震区现场，但理性会阻挠本能，哪怕逃离了出去，理性的思考可能会让他重返灾难现场，参与救灾。可见，由理性所构成的动机，是一个人自主思考后选择的行为方式，这个行为受自己的本能、认知能力、欲求和心境等多种因素影响。

一个普通的行为，人们可以不问动机是什么。但是，一个引起社会轰动的善的行为，人们不仅喜欢追问其动机，还要从伦理的角度进行评说。芦山地震中的“最美新娘”被媒体报道后，获得了舆论好评。随着有人在微博上质疑陈莹穿婚纱出镜属于自我炒作，进而不少人追问她的这个行为发生之前的动机究竟是什么。《成都商报》的报道说：“陈莹表示，跑到楼下喘了几口气，慢慢地回过神来，开始注意起周围的情况，‘朝阳路位于雅安市中心，当时就看到很多人都跑到街上来了。’职业的本能促使陈莹马上想到用镜头记录下这一刻。”[注2]陈莹的这个叙述透露出两个非常重要的信息：本能和理性共同起作用。显然，她混淆了本能和理性的区别。

应该说，地震造成的慌乱，她跑下化妆的地方，属于本能；在街头看到混乱的场景，职业的习惯促使她有义务去报道这个现况，这属于理性。本能

注2：姜山：《穿着婚纱报道灾情 我没炒作：在网上被捧为“最美新娘”的电视台主持人陈莹一一回应质疑》，《成都商报》，2013年4月21日，第12版。

和理性，本能所形成的行为动机，是人身安全至上；在安全无碍之时，职业的使命感成为其个人的理性选择。陈莹的这个说法，在她的同事那里也得到了印证。陈莹的搭档白斗先生（摄像师）介绍说，由于他没有经历过汶川大地震，芦山地震的瞬间，他当时有点害怕。陈莹经过过汶川大地震，安慰他不要害怕。等他情绪稳定下来，和陈莹去报道雅安街头的情况。[注3] 白斗也说他们的采访出于“本能的反应”。可见，他们的新闻采访的动机是属于理性选择，这样的动机并不恶意，而是属于美德伦理的范畴。

一个置身地震灾区的媒体从业者，[注4] 尤其那些早于灾难发生而在场的媒体从业者，面对突如其来的灾难，他们是选择退却还是进取，这样的行为需要接受伦理的考量。行为之前的动机，既有本能造成的波动，亦有理性——职业使命的提醒，只要当事人选择了工作而不是只顾个人安危而离开现场，其行为应该得到肯定而非质疑。毕竟，“每个动机都是一个感觉，每种感觉都以心理意象为条件，并根据限制它的意象类型而变化。”[注5]

注3：2013年5月1日11：22-11:29，笔者和雅安广播电视台的摄像师白斗先生通话，他回答了我的问题。本文涉及白斗的谈话内容，均出自与他的此次电话采访记录。

注4：选用“媒体从业者”这个称谓，而不用“记者”，在于灾难报道的主体并不全是记者，还包括了节目主持人和广播、电视、网络媒体的技术人员，他们可能同时出现在灾难现场参与报道工作。

注5：[法]埃米尔·涂尔干：《职业伦理与公民道德》，渠东、付德根译，上海人民出版社，2006年版，第217页。

美德动机 利己还是利他

区分动机的来源是出于人的本能反应还是人的理性选择，并不能了解动机性质的善恶。这样，要明辨动机的可取与否，有必要从自利和利他两个角度，继续讨论什么样的动机才符合美德伦理的评判标准。

先来看利己动机。利己动机可以分为亲缘相关的利己动机与非亲缘关系的利己动机两类。谈到“己”，这个词包含了两重含义，一是纯粹指自我的小己，二是指包括亲缘关系在内的大己。由利己促成的行为，这样的行为在实施过程中，行为主体的终极目的在于自利。亲缘关系在本质上是个利益共同体，这个共同体里，利益的一致性要求其成员之间在为人处世之时，必须顾及该共同体的利益。基于这样的需求，具有亲缘关系的人在处理事情之前，不由自主地要考虑自己的行为对个人及其亲缘关系有无不利的地方。以地震为例，地震发生后，若同时有多个人需要救助，这其中既有自己的孩子，也有熟人和陌生人的孩子。在这种特定情形下，亲缘关系的利己动机必定客观存在。至于一个人最终如何选择救助对象，则是其后的事情。即便最终他（她）选择利他行为，优先帮助和自己血缘关系最远的孩子，也无法否定利己动机曾在其脑际闪现过。至于非亲缘关系的利己动机，则是以利他的形式出现。例如，我们通常所说的见义勇为，就属于这种情况。

再来看看利他动机。一个人只有具备了利他动机，才可能成为社会共同体的一员，获得参与社会活动的资格，进而实现自利的目的。亲缘关系的利他，是指在亲缘关系共同体只能除关注行为主体自己的利益，还最大限度兼顾其他亲缘关系者的利益；非亲缘关系的利他，也相当普遍。比如说，破坏性地震过后，人们自愿向灾区捐款，或者到灾区当志愿者，参与抗震救灾活动。在捐款和当志愿者前，每个行为主体必然先后利他动机，然后才有捐款或者赴灾区的行动。

现在，可以讨论陈莹行为的动机究竟属于利己动机还是属于利他动机。首先可以排除其行为与亲缘关系的利己动机和亲缘关系的利他动机有关。那么，穿婚纱出镜只能在非亲缘关系的利己动机和非亲缘关系的利他动机进行讨论。应该说，这两种动机兼而有之。

先来看“最美新娘”的非亲缘关系的利己动机。陈莹和白斗都曾强调，他们到街上报道地震后的状况，出于职业的本能。这表明，作为媒体从业者，他们看重自己的职业荣誉。尽管在双重特殊的情况下（一个是强震，一个是陈莹这天的新娘身份），在婚礼还没有举行之前的空隙，在当时街头还没有其他媒体同行赶到之时，陈莹和白斗到外面履行媒体从业者的职责，他们的行为动机显然含有利己的成分。需求澄清的是，这里所谓的“利己”，和网民所指责的“炒作”“作秀”所蕴含的“利己”有着质的区别。伦理学所谈论的“利己”，不具有贬义色彩。并且，此处所说的“利己”，是优先考虑本职工作，应该说这里的“利己”具有“爱岗奉献”的含义。爱岗奉献，显然属于美德伦理的内容。退一步说，即便陈莹和白斗到街上报道受灾状况，在“敬业”这个美德之外，含有出名的自利考虑，则这样的“利己”动机，与美德伦理也并不相悖。一个人可以主导自己某个具体的行为动机，却不能主导该行为的社会影响——即舆论对此行为的评价。

这意味着，即便陈莹当时真的想通过婚纱装扮来制造噱头，在救人第一的特殊时刻，如果等救灾结束舆论再去关注此事，此事可能因失去时效性而无法引起舆论关注。事实上，陈莹穿婚纱出镜还有不为人知的因素。据摄像机白斗介绍，当自己情绪稳定后，是他主动劝说陈莹与自己去采访。下楼前，陈莹曾提出卸掉婚纱装，旁边的几个同事劝她不要这样，因为化妆耗费的时间较长，当时化妆师在给伴娘化妆。以后再给陈莹化妆，可能耽误稍后的接亲仪式。正是这样的利己动机，为后来的争议埋下伏笔。这样的利己动机，并不符合美德伦理的标准，但也不属于道德恶的范畴。

再来看看"最美新娘"的非亲缘关系的利他动机。穿婚纱出镜有利己的动机，但利他动机的成分同样明显。破坏性地震，对社会的影响深刻。地震最初的原始影像资料，不论是对关心地震的公众还是对历史来说，都相当重要。陈莹及其同事在地震后第一时间出现在街头，他们的拍摄、解说和采访，对那些刚刚经历了强震的市民来说，心理抚慰的作用不可低估。有媒体在报道，灾情就能传递出去。这样，"最美新娘"在现场的报道，是在为公众服务。她也就是说，陈莹（包括摄像师白斗）和他们报道的对象、他们的观众之间，并无亲缘关系。其行为的动机，无论如何也不能没有利他的成分。利他和利己没有截然的界限，有时候真正的利己可能会被误以为是利他，比如说，纯粹为获取荣誉而有意做某事；有时利他的行为可能被怀疑有利己的倾向，"最美新娘"就是如此，国内舆论从肯定到怀疑，不过几个小时的就发生逆转，而大多数英国网友认为陈莹很敬业，是所有记者的榜样。这表明，不同的地区，因为信任问题和文化差异，公众对同一行为的评判可能存在不小分歧。

动机的复杂性，造成了是非标准的模糊。这样的尴尬，属于美德的伦理困境：即良好的动机未必收到良好的效果。这也是美德脆弱的一面。

美德脆弱的伦理反思

不良的品行人人厌恶，但人人身上多少都会有一些。只要不良品行不是特别明显，被舆论激烈议论的机会并不多。相反，良好的品行相当珍贵，需要社会的集体呵护，一旦这样的品行成为新闻，难免有人追问该品行的动机。面对质疑的声音，在附和与辩驳之间，附和的声音更容易得到传播，因为附和不需要举证，反驳需要可信的理由和证据。故那些涉及美德的举止，遭受质疑的时候居多，不被质疑全盘接受并不容易。灾难报道的美德伦理，在特殊情境内，媒体从业者引人注目的行为，引起对这样行为动机的怀疑和争论，并不奇怪。作为灾难报道伦理研究者，更要关注灾难报道美德伦理缘何脆弱，为此需要探究质疑者的动机。

新闻媒体涌现出的媒体从业者，社会认可程度未必理想。对于那些瞬间成名的媒体从业者，因成名过快，人们自然对这些媒体从业者的成名动机抱有疑虑。怀疑，有对行为本身的怀疑，有对行为原因的怀疑。前者是对有与无、真与假的怀疑，化解这样的怀疑需要从事实的层面进行释疑；后者是对功利还是非功利、善意还是恶意的怀疑，化解这样的怀疑只能从伦理层面进行分析，无法用确凿的事实依据释疑。伦理的释疑需要事实依据辅助证明其动机的真实性程度，但更多依赖于从心理学的角度进行回答。

信任或怀疑，首先是一种心理反应。人际关系中的信任或怀疑判断，依赖于对被信任（或怀疑）对象以往的连贯性表现，推断其最新行为的动机是否存在主观故意的善或恶。对于公众关注的舆论事件，因判断人与被判断对象之间通常不存在之间交往，其判断的依据更多靠的是个人的直觉而非理性的推理。也许，这样的社会心理可以用法国学者列维-布留尔的原始思维理论来解释。布留尔从现代社会逻辑思维模式中，推演出原始社会民众的思维模式。他发现“原始思维很不喜欢分析”，也不遵循矛盾律，往往靠直觉进行因果联系并作出判断，“而在我们社会中，个人的智力活动不管它是以什么形式实现的，它都必须服从于矛盾律”。[注6]

注6：[法]列维-布留尔：《原始思维》，丁由译，商务印书馆，2007年版，第101页。

应该承认，原始思维并未完全退出历史舞台，也不会全部消失，这与人类的思维习惯受遗传和社会模仿有关。这样的思维本能，在特定情境下会被激活。以芦山地震中的“最美新娘”争论为例，陈莹穿婚纱出镜报道地震现场，不熟悉她的人以婚纱装束过于耀眼为质疑起点，进而质疑她不顾可能发生的余震坚持举行婚礼，并且后者成为怀疑她报道地震现场的“特殊证据”。这样，“最美新娘”争议的焦点，已经由最初的婚纱到婚

礼照常举行："新娘不顾余震和他人安危，拒绝宾馆取消婚礼的请求，让保安夹道欢迎，封锁停车场专供她停车。"注7

注7：张勇军、蔡早勤：《是最美新娘还是借机作秀？》，《长江日报》，2013年4月22日，第10版。

灾难报道的美德伦理，只能在特定的语境内讨论。陈莹的出名是因为她的装束、她的大喜之日和她所做的本职工作。这三个要素最为关键。至于其后的婚礼是否取消，与"最美新娘"这个媒体从业者的职业美德之间，并不存在直接的关联。注8 舆论指责陈莹，已经从最初的动机转换成了对其性格的批评。换句话说，假如她当初能够预测到将来出现的"民意"，取消了当天的婚礼，"最美新娘"的争议未必就能平息。毕竟，穿婚纱采访的动机无法以事实的形式呈现在公众面前。可见，美德伦理的动机问题，不过是这场特殊婚礼的是非之争，而这与陈莹本人的性格相关。

注8：从民俗学的角度说，红白喜事的日期一经敲定，必须风雨无阻，不能更改。至于受地震影响是否取消，既要尊重当事人的意见，也要考虑具体的环境。芦山地震发生在上午8:02，距离中午12时还有4个小时。地震是瞬间的，芦山地震雅安市区损失不大。客观来说，是否取消婚礼，不是陈莹及其丈夫可以决定的。亲朋早已接到通知，临时取消并不容易。笔者认为，顺其自然，尽量按时举行婚礼，不失为明智之举。

美德脆弱，与美德传播方式的失当也有关系。灾难报道属于新闻产品。新闻要求内容的真实、客观。新闻中忌讳出现形容词，以免降低新闻的客观性。新闻专业主义所倡导的客观性法则，在网络时代遇到了挑战。新闻语言规范程度不够，使用网络语言，或者用最高级形容词，这类现象具有一定普遍性。芦山地震时，陈莹在地震后上街采访，新闻媒体只播出他们采制的新闻，不把陈莹作为报道对象，电视观众可能好奇这位出镜记者的装束，但不会知道具体的内情。这样，陈莹引起公众关注的可能性降低。电视报道的标题给陈莹贴上"最美新娘"的标签，在吸引观众眼球的同时，因赞美过度，把赞美变成了捧杀，最终给她和带来意外的麻烦。

灾难报道因煽情造成的舆论争议，并不限于芦山地震。在2008年汶川大地震期间，媒体也曾制造过一个小明星——"抗震小英雄"林浩。给一个9岁的孩子冠上"抗震小英雄"的称号，传播效果无疑增加了，但"小英雄"也是个形容词，具有夸张的效果。当时，围绕林浩是否救过人出现了不少质疑的声音。注9 形容词所带来的夸张效果，在很大程度上将灾难报道美德伦理推向了道德的烤架上。

注9：张弛：《"最美"原是作秀"英雄"原是造假》，新浪博客，2013-04-28 02:02:02，http://blog.sina.com.cn/s/blog_644573640102e22w.html。

剖析美德伦理脆弱的原因，也不能回避行为主体自身存在的问题。陈莹陷入舆论漩涡，公众、媒体需要反思，并不等于她本人和她的同事不需要汲取教训。陈莹在结婚当天能够站出来报道地震，不管这个动机有无利己的考虑，她毕竟在危境中为公众现场报道灾情，这个事实无法否定。作为灾难报道的美德伦理，肯定的是行为而非动机。需要反思的是，当时在化妆店陪她化妆还有几个雅安广播电视台的媒体从业者，假设他们替陈莹出镜，既履行了职责，也避免了非议。由此虽然少了“最美新娘”的新闻，但避免了事后陈莹所面临的道德批判。所以，当时在场的同事同意陈莹出来采访而非他们自己，这个决定显然不够明智。

一切引起社会反响的事件，必然有着相应的社会和个人方面的原因。灾难报道和常规新闻报道不同，公众的关注度相当高。公众对灾难报道的关注度越高，对灾难报道的质量要求也就越高。媒体从业者在报道灾难的时候，应慎重把自己（含自己的同事和新闻同行）作为报道对象、尤其是焦点人物并不合适。也许，媒体从业者作为被报道对象严格遵循了新闻价值规律，没有利己动机，仍面临着不小的舆论风险。这是因为，新闻的报道对象，是舆论纷争的重要组成部分，尤其是那些富有争议的报道对象，这样的新闻面世的同时，也就是舆论跟进之时。媒体从业者将自己置于新闻之中，应做好足够的心理准备，接受公众的评头论足。真正的美德，不必宣扬就自有其生命力。纳入大众传播的美德事迹或行为，公众对这类美德动机的质疑可能偏激，但质疑本身也是一种警示，提醒美德行为的主体低调处理与自己相关的言行。

灾难美学讲究肃穆。媒体在报道灾难信息时，应对灾难美学有足够的认识。灾难报道的娱乐化倾向，至今还没有引起新闻界应有的重视。新闻报道的娱乐化倾向不一定只存在于歌舞类节目中。事实上，新闻语言的煽情、灾难报道有意制造英雄人物，都容易让公众对灾难报道产生反感情绪。那些原本属于美德的行为，因为报道失当饱受舆论的质疑，最终美德变了味道，对以后的灾难报道必然产生负面影响。以后，其他媒体从业者在需要挺身而出的时候，因顾及可能产生的舆论争议而妨碍他们正当的行动。反思灾难报道美德伦理的动机，意义也正在于此。

（作者系西南科技大学新闻系教授）

实践探索

把电台办到灾区去，专门面向灾区民众传播实用信息，这在国外早已有之，但在中国是首次。中央人民广播电台在芦山震区开播的“国家应急广播·芦山抗震救灾应急电台”无疑是一次成功的尝试。

在最需要的地方发出应急广播的声音

——芦山应急电台试验的意义

温秋阳

2013年4月20日8时2分，四川芦山发生7.0级强烈地震。地震当天，中央人民广播电台决定在芦山震区试验开播“国家应急广播·芦山抗震救灾应急电台”。该电台的宗旨是专为灾后身处芦山的当地百姓、救援者、志愿者提供实用信息，以广播的优势为抗震救灾大局服务。这是首次以“国家应急广播”的呼号开办的定向灾区的应急广播电台。

4月21日，由13名编辑、记者、主持人、技术及后勤保障人员组成的芦山应急电台工作小组从北京出发，历经数次余震和山体滑坡引发的交通堵塞，于22日中午抵达芦山灾区。

由于当地广电中心大楼已在地震中受损，在与芦山广播电视台商议后，双方决定在芦山广播电视中心前方广场搭建帐篷作为应急直播间，使用直播卫星信号发射播出。随后，技术团队又将携带的大喇叭广播进行安装调试，在市电电力恢复初期时断时续情况下，使用汽油发电机保障直播设备运行，保障实现面对灾区的定向大喇叭广播。

4月22日下午4时40分，“国家应急广播·芦山抗震救灾应急电台”芦山直播间正式开播。芦山应急电台信号主要通过国家新闻出版广电总局特别协调提供的9800千赫、12000千赫两个短波频率、92.7兆赫调频广播以及两个直播卫星通道播出，当地群众可通过乡村喇叭或收音机、直播卫星机顶盒等收听。

4月25日，“国家应急广播·芦山抗震救灾应急电台”派员开辟第二战场，宝兴直播点开播，在宝兴以98.8兆赫调频广播，应急电台的针对性服务范围更为广泛。

芦山应急电台运作模式

一、四级电台联办

芦山应急电台采取四级联办模式，即由中央人民广播电台与四川人民广播电台、雅安广播电台、芦山广播电台联合开办，资源共享，协同作战。

前期，主要以中央人民广播电台团队为主体，带动其他三级地方台通过记者连线、主持人参与主持等方式，实现资源共享。运行18天后，芦山广播电视台接手，成为该电台前方运作主力，雅安电台派编辑和主持人给予支持，另有来自四川传媒学院的教师和学生以志愿者身份加盟，还有中央人民广播电台将已经制作好的节目刻成光盘供芦山应急电台前方直播间随时使用。多方努力支撑了芦山应急电台的正常运作。

二、前后方协同制作播出

芦山应急电台采取全天24小时滚动播出方式，以全天转播中央电台中国之声节目为底衬，定点播出芦山应急电台自制节目，随时插播紧急信息。

芦山应急电台采取前、后方分工制作节目，前、后方节目切换播出方式，前方依托深入灾区的便利，播出从当地获取的各类鲜活信息；后方即中央人民广播电台总部，充分利用北京的政府资源优势和专家资源优势，整合全国抗震救灾信息，并邀请各方专家，就治疗康复、安全饮食、震后索赔等广普性内容进行解答。

在经过头两天的磨合后，第三天形成了芦山应急电台节目时间表：其余时间转播中央人民广播电台中国之声节目，遇有紧急信息随时插播。

宝兴直播点在试验一周后关闭。芦山直播间持续播出一个月。后期，随灾区抗震救灾第一阶段结束、恢复重建开始而逐渐减少直播时间。

三、台网互动

在中国广播网开设专题，包含实时播报、图片现场、听谈芦山、寻亲平台、微博关注等专栏，图文、音视频全媒体报道国家应急广播芦山应急电台相关信息。4月27日，芦山直播间和宝兴直播点的节目实现回传后，芦山应急电台信号在中国广播网同步实现了收听、下载功能。国家应急广播还在新浪开设官方微博。全媒体的播出方式使芦山应急电台的社会影响力迅速扩大。

芦山应急电台内容与效果

芦山应急电台开设的栏目主要有《抗震救灾信息速报》《芦山政府时间》《救援医生告诉你》《记者亲历》《心与心的对话》等，以播出当地受众需要的权威公告类、行动指导类、知识普及类、心灵抚慰类、人际交流通讯类信息为主，针对灾区民众及救援人员等群体，进行定制化、点对点、全方位的实用信息实时播报。

“国家应急广播·芦山抗震救灾应急电台”开播不久即成为当地政府的“大喇叭”、灾区百姓的“求助台”和联动救灾的“互动站”，彰显应急广播区别于其他媒体的独特优势和巨大作用。

一、成为政府应急管理的新工具

前方工作组到达芦山后，迅速与芦山县政府接洽，双方商议通过应急电台发布政府信息。县政府每天安排两位政府部门负责人通过应急电台现场发布本系统在抗震救灾过程中需要向群众提示、告知的相关事项。共有当地民政局、卫生局、交通运输局等十几个部门负责人走进帐篷直播间，与百姓互动交流。芦山县县长王华盛赞应急电台做了政府想做而无力做的事情，为政府提供了灾后应急管理的新途径。

4月23日清晨，芦山开始降雨。地震后降雨会导致山体滑坡、崩塌、泥石流等次生灾害，及时提醒百姓防范是政府的当务之急。上午10时许，芦山县国土资源局办公室主任顶着一头的雨水送来《芦山县国土资源局告全县人民书》。他说，这是刚刚打印出来的，他第一家就送到了应急电台，并反复叮嘱尽量多播几遍，让更多的灾区百姓知道。应急电台立即插播，中午、下午、晚上，各时段反复播出，在芦山持续一整天的降雨中，发出“亲人们，请一定注意避险”的温暖提示。与此同时，芦山县委宣传部工作人员冒雨赶到帐篷直播间，要求紧急播出芦山县所有高三年级的学生下午2时统一乘车到成都复课的消息。国家电网公司芦山指挥部通过应急电台发布停电通知，消防部门通过应急电台提醒灾区百姓不要在帐篷边烧火以免发生火灾等。4月26日，应急电台反复播出四川省人民关于哀悼日的政府公告。

二、成为灾区百姓的求助台

4月22日晚，两组志愿者闻讯主动找到应急电台，反映芦山县龙门乡五星村八组90%房屋受损以及芦山县石刀背沟村急需救援物资，希望应急电台能够呼吁专业的救援队伍尽快救援并提供帐篷、水等捐助物资；在芦山县医院从事医疗救护工作的一位老教授委托应急电台寻找志愿者帮助照料伤患，希望志愿者细心、有责任感，最好能持续提供5天服务；一位名叫张士奎的志愿者找到应急电台，说龙门乡王家村石刀背沟组的50多名孩子已于22日下午复课，由临时志愿者教师在竹林中授课，急需6-8人的教师团队，其中最好有心理辅导老师……上述信息应急电台随时插播、重复播出。

面对来到帐篷直播间外想搭车的、丢背包的、要找人的灾区百姓，应急电台索性将其请进直播间，让其用四川话直接发布出去，极具本土化色彩。

应急电台开播一个月，累计播出百姓求助信息四百多条。

三、成为联动救灾的互动站

4月23日，双石镇西川村情况危急，三位村民翻山出来求助，一路打听来到应急电台，希望得到帮助。应急电台播出一天后，村民发短信感谢，说“记者同志，现在我们有食品了，衷心感谢你们对我们的帮助。”后有志愿者来应急电台询问何处需要帮助时，应急电台提供上述信息，引领更多志愿者前往救助。

应急电台一边收到需要帐篷的信息，一边收到志愿者询问哪里需要搭建帐篷的信息，两相对应，实现了求救与救援的顺利对接。

随着应急电台在芦山影响的扩大，发出的信息越来越多有了回应。应急电台通过信息的汇集整合传递，有效提高了灾后救援效率，成为救灾生产力。

四、受到灾区民众欢迎和广大网友好评

“国家应急广播·芦山抗震救灾应急电台”开播后，反复发布播出频率，并将带到灾区的几百台收音机发送给当地百姓和志愿者。与此同时，应急电台在芦山县和宝兴县都架起大喇叭，方便当地百姓及时收听实用信息。灾区群众和救援人员纷纷表示，“太好了，太实用了，还从没听过离自己这么近的广播节目”。

芦山应急电台播出15天后，对灾区民众进行了收听问卷调查。共发放问卷350份，回收324份，发放范围为芦山县城及周边乡镇。调查结果显示，芦山应急电台是当地居民和外来救援者获取抗震救灾信息的主渠道，信息的有用性得到受访者的高度肯定。

在“芦山地震发生后一周内，您了解抗震救灾新闻的主要渠道”的选项中，39.81%的受访者选择了芦山应急电台，位列“手机、微博、微信”之后排在第2位。据了解，地震第2天，芦山当地的移动通信便逐渐恢复，尽管时断时续，但接发微信等业务可以完成。（见下表）

芦山地震发生后一周内，您了解抗震救灾新闻的主要渠道（可多选）

选项	小计	比例
1.国家应急广播・芦山抗震救灾应急电台	129	39.81%
2.中央人民广播电台 中国之声	62	19.14%
3.中央电视台 各频道	89	27.47%
4.互联网	60	18.52%
5.手机、微博、微信	172	53.09%
6.其他请填写	54	16.67%

此次收听问卷调查说明，芦山应急电台在当地形成一定的影响，并获得灾区民众的高度认可。

上海、江苏、广东等地的听众纷纷打来电话或网上留言，给予芦山应急电台高度评价。网友“最爱雪夜读书人”说：给力，中国需要这样的短平快。网友apple评论：“70多年前，中国人民广播在延安窑洞里诞生。今天，‘国家应急广播・芦山抗震救灾应急电台’震后不久在芦山县城的一个帐篷里开播。这个帐篷电台掀开了中国广播的新篇章。”

芦山应急电台的传播学意义

芦山应急电台的实践，印证了从前传播学理论层面的认知，也丰富了建设中国应急广播的本土化依据。

一、广播“面向灾区”的传播优势充分释放

有学者研究指出，对于重大自然灾害的报道，电视为向外的媒体，即灾区以外的受众多通过电视了解信息，而广播为向内的媒体，即灾区以内的民众多通过广播获取信息。这主要是因为在电力中断等情况下，电视等媒体技术对电力依赖程度高，难以施展报道空间。广播电台利用太阳能、汽油、柴油发电，收音机只要有干电池就能接收，因此，广播在断电情况下是可以向灾区民众不间断提供救灾信息的生命线媒介。

此次芦山地震，最初，停电；来电后，居民不敢回到未经专业安全评估的家中，因此难以看到电视；震后不到一周，芦山电视台恢复播出，一些太阳能电视接收一体机被发到当地居民手中，但该一体机只能接收卫星信号，而芦山电视台不上星，因此，当地民众依然看不到身边的信息。

而芦山应急电台专门面向灾区的民众广播，播出他们最希望获得和传递的信息，如政府抗震救灾进展情况，物资领取的地点，个人的求助信息等，在与其他媒体的比较中，凸显出广播“向内”的应急传播优势。

二、灾区受众对应急广播形成“异常依赖”

美国传播学家梅尔文·德弗勒的“媒介依赖理论”认为，当社会发生重大变化，受众迫切需要从媒介获取各种信息，了解环境，进行判断、决策、行动，因此体现出对媒体的异常依赖。而应急广播在重大突发公共事件中面向灾民的内向性传播特征，正满足了受众对信息异常依赖的需求。应急广播嵌入灾区民众的生活中，成为其灾后生活的有机组成部分，通过应急电台的指引，灾区民众不仅了解宏观层面党和政府的救灾举措，而且在微观层面获得了“去哪领物资”“哪家银行开业”等具体实用信息，体现出生活必需品的不可替代性。

芦山地震一周后的四川全省哀悼日，早上8:02，在芦山广播电视中心大楼前的广场上，应急电台的大喇叭传出“向芦山地震死难者默哀”的声音，大楼里的人们出来了，广场上毫无组织的人们静下来了，大家默默站立，低下头；与此同时，大街上，汽车纷纷停下，鸣笛。随着应急广播的指引，人们表达心中的哀思。应急广播成为那一刻芦山上空唯一的声音。

应急广播与灾区生活关联之紧，可见一斑。

三、应急电台在灾区发挥“稳压器”作用

大灾后的芦山，尽管各种力量都在为抗震救灾而忙碌，但难免有不到位之处。对灾区百姓而言，他们感受最直接的是自己还缺什么，尤其是当基本的生活物资没有保障的时候。到芦山应急电台来求助的老百姓，没有不心急的，没有不希望困难立刻解决的。对于百姓的疾苦，芦山应急电台一方面努力安抚，一方面在节目中立即呼吁，与此同时，芦山应急电台的工作人员会与反映问题的百姓所在当地政府联系，告知情况，提醒注意，促进快速解决。

此外，芦山应急电台设置的政府信息版块，通过邀请政府各部门负责人走进直播间介绍抗震救灾进展情况、下一步工作安排，以及直接与老百姓对话，既让政府多了与百姓沟通的渠道，又让身居一隅的民众心中有了相对宏观的全局视野，知道政府正在行动，给自己的救灾物资正在路上，由此避免了盲目的恐慌和不安。

芦山应急电台及时发布灾害预防提醒，及时发布供水、停电信息等，避免信息匮乏引起的猜测和混乱，成为社会稳定的有力支持力量。

芦山应急电台通过信息传播，为政府减压，让百姓安心，起到“减压阀”和“稳压器”的作用。

四、应急电台为灾区受众营造“以人为本”媒介环境

现代社会，人类是生活在自然环境和媒介环境之中的。媒介环境通常指由各种媒介营造的一种社会情境。当突发公共事件爆发，在其他媒介一时难以发挥作用的灾区，在应急电台信号易得的情况下，应急广播几乎成为灾区民众唯一的媒介环境。“媒介的符号结构和逻辑是我们认识世界的参数，构建了我们信念中的世界，同时，又塑造了我们的所知和所想。”[注1] 对灾区民众而言，其绝大多数的所知、所感均来自应急广播，而应急广播一切为了灾区，急灾区所急，满足灾区所需的“人本”情怀无疑为灾区营造出了一种充满关爱、积极向上的媒介环境，对于灾后人们的心理恢复和生活恢

注1：王冰：《北美媒介环境学的理论想象》，光明日报出版社，2010年2月版。

复无疑输入了正能量。

芦山应急电台引发的思考

作为我国首个应急定向广播频率，“国家应急广播·芦山抗震救灾应急电台”以本土化、定制化、点对点、全方位的实用信息实时播报，彰显了应急广播在突发公共事件中的不可替代。

梳理芦山应急电台的实践，值得总结的地方很多。

一、四级联办的保障机制亟须建立

芦山应急电台事先设计的四级联办模式在实践中有所应用，但还不充分，原因之一是各级地方台并不知晓设计意图，虽随不断沟通而日渐清晰明了，但此次主要还是中央台在主导推动；原因之二是地方台的确人力资源有限。芦山广播电视台完全没有广播的人马，平日的广播只承担转播任务。参与此次芦山应急电台的人员全部来自芦山电视台，宝兴的情况亦然。据了解，我国县级广播电台处于瘫痪状态的不在少数，尤其在广播电视合并后，广播被弱化为零。而我国的绝大多数自然灾害都发生于农村基层，县级广播电台自身无力制作节目的现状，对于未来设计区域性应急广播无疑是严峻挑战；原因之三是我国四级办广播电视的现行体制，使各级电台之间不存在行政隶属关系，因此，完全没有强制力，只能靠自觉。

因此，在现有体制框架下，必须依靠新的机制建设弥补四级联动中的不足，可以应急广播专项合作的方式，规定各级电台在四级联动中的位置、作用和必须的作为，通过签署协议，保证各级电台能够在应急广播中相互合作、各司其职，保证应急广播能够在灾区迅速发出声音。

还需加速制订《国家应急广播管理条例》，规范各级电台的权利与义务，规范各级电台的行为准则，确保各级电台在应对突发公共事件时有法规保障、有规章可循。

此外，广泛传播应急广播理念，让定向灾区传播应急信息的理念深植广播人的内心，这也是各级电台在突发公共事件来临时能够自觉行动或主动配合的前提。

二、前后方协调制作节目的模式有推广价值

芦山应急电台探索形成的前方与后方的协同机制，以前方极具针对性的信息和后方丰厚的全局信息服务灾区受众，值得推广。

据笔者对日本临时灾害电台的调研，每逢大灾，开辟专门的临时灾害广播电台以贴近性内容服务灾民已经成为常态。临时灾害电台以地方政府为运营主体，以向受灾地区居民发送相关的灾害信息为目的。临时灾害电台由两部分组成，一是受灾地已有的社区广播临时改为灾害广播，二是灾害发生后临时申请的灾害广播。[注2] 东日本大地震中，受灾严重的东北部地区共有40个临时灾害电台，分别向所覆盖范围内的社区民众发布与灾后生活密切相关的实用信息。

注2：村上圭子：《ポスト東日本大震災の市町村における災害情報伝達システムを展望する》，放送研究と調査，2012.3。

而芦山应急电台除了具有类似日本临时灾害电台的提供针对性信息服务的特点外，还因为“后方”的存在，可以第一时间获得党和政府的信息，可以全面汇集全国各界抗震救灾的信息，可以请各方专家为灾区民众答疑解惑。“后方”加“前方”，让芦山应急电台传递到灾区民众耳边的信息既有宏观的来自北京的信息，也有中观的来自市县政府的信息，还有微观的解决个体之需的信息，让灾区民众身处灾区，了解全局，同时能获得权威专家的指点，实现了对灾区民众服务的精准化和高品质。

不论谁是“前方”应急广播的运作主体，“后方”可以是同一电台总部、可以是同级电台、可以是上一级电台或中央台、甚至可以是下一级电台。总而言之，前方与后方协调的模式，可以让刚刚起步的中国区域性应急广播有较高的起点，此模式值得推广。

三、应急广播作为政府应急管理工具的使用率需要提高

在中国各级政府现行的应急管理体系中，广播电台只是其用于发布应急信息的诸多媒体中的一个。政府对于应急广播能够成为其应急管理工具的认知还远远不够。

芦山应急电台开播第二天，芦山县政府派出一位副县长，专门与中央

人民广播电台前方工作组对接，商讨合作事宜，当天就出台了《芦山县文化新闻出版和广播影视局关于芦山县广播电台和中央人民广播电台联合开办“芦山应急广播电台”的工作方案》，方案中明确，每天上午10时，邀请两个县级部门的负责人到“芦山应急广播电台”，现场访谈本系统在抗震救灾工作中需要向群众提示、告知等相关事项，并排出了具体名单。而后，安排了乡镇干部访谈。这一安排来自芦山县抗震救灾指挥部，因此对各位官员具有约束性和强制性，也因此保障了芦山应急电台作为政府应急管理工具的定位的实现。但在上述规定性动作完成后，除气象、国土部门主动找到应急电台发布信息外，其他部门少有类似的主动行为。这说明，对绝大多数政府部门而言，主动利用应急广播的意识还有待加强，政府部门对应急广播的使用率还有待提高。

5月是芦山的雨季。雅安市气象局和芦山县气象局主动与应急电台联系，每天传来天气预警预报信息。芦山县国土资源局随时提供山体滑坡、泥石流等灾害隐患点报告。上述信息，芦山应急电台随时插播、反复播出。

因为需要，气象局和国土局主动与应急电台接触，也因为应急电台的给力，让上述两单位能够持续提供信息，由此形成政府机构与应急电台之间信息传递的良性循环。此举提醒我们，如何让政府部门有意识使用应急广播、善于使用应急广播，还需加强与政府部门的沟通协调，并提高示范效应。

四、志愿者成为应急广播资源的鲜活力量

芦山应急电台招募的来自四川传媒学院的志愿者此次派上了大用场。志愿者由该校播音主持艺术系的老师和学生组成，首批四人，第二批两人。志愿者能够胜任采编播各岗位，并承担了芦山应急电台收听情况反馈调查的工作。志愿者态度积极，富有主动性和创造性，易于沟通，随时补缺，成为芦山应急电台的生力军。

有传媒专业知识的志愿者可以成为未来应急广播人力资源的组成部分，一方面弥补地方电台尤其是县级电台人员匮乏的不足，另一方面在应

急电台人员困乏之时，可以做轮换的备选。但由于无人可以预测下一次应急电台的开办之地，因此，志愿者的储备和培训等问题也将是应急电台在规划和实践中必须面对的问题。

五、区域性应急广播应该成为灾后非正常生活中的常态

把电台办到灾区去，专门面向灾区民众传播实用信息，这在国外早已有之，但在中国是首次。芦山应急电台首试成功，虽有诸多需要完善之处，但芦山应急电台让我们坚定：在中国，区域性应急电台可以办下去、必须办下去，因为灾区百姓需要，灾区政府需要。

如果芦山模式能够被复制，今后无论中国哪个地方发生了重大灾害，当地都有应急广播的声音，声音里传递的都是当地百姓最需要的信息，则区域性应急广播将成为百姓灾后非正常生活中的常态，应急广播的使命就能够充分实现了。

（作者系中央人民广播电台国家应急广播中心记者）

采编茶座

NEWS SALON

采编茶座

金　秋　创意与策划，一门厚积薄发的学问

何龙盛　阅读为王

创意从哪里来？在我看来，所谓创意的“灵感”其实是不存在的，没有人天生就是天才，所有的创意都来自于积累。我觉得一个好编辑，首先要让自己成为“知道分子”，尤其是你知道的越多，你做创意的源泉就越多。

创意与策划，一门厚积薄发的学问

金 秋

“如何做创意，怎样做策划”，在我看来，只有唯一的原则：读者至上——你一定要站在读者的角度去创作。

譬如在2008年北京奥运时，我们针对很多来北京旅游的外地人和外国人，策划了一期“北京奥运文化消费手册”，这是一个体现“读者至上”原则的典型案例。因为通常报纸上的这种指南，只是把时间、地点、票价、剧情简介告诉读者就行了。但我们所做的不仅仅只是这些，还为来京的外地人和外国人贴心设计了不同的文化消费计划，甚至给出如果一个人去看这几场演出的话，最低会花多少钱。这些都是要站在读者角度去考虑的。其实道理也很简单，读者最想得到什么，只要把他想要的给他就行了。

创意哪里来

说到创意，通常情况下，人们都会问：创意从哪里来？在我看来，所谓创意的“灵感”其实是不存在的，没有人天生就是天才，所有的创意都来自积累。所有想做好创意的人，首先一定要热爱生活，千万不要因为工作而放弃它。如果不热爱生活，你不会做出任何有激情的创意。另外做创意的人，一定要有自己的爱好，我觉得一个好编辑，首先要让自己成为“知道分子”，尤其是你知道的越多，你做创意的源泉就越多。所以在我看来，创意是可以训练和收藏的。

训练其实特别简单。在我家，只要可以坐下的地方，一般都会有笔和纸，我如果想到什么，就会随时随处记下来，要不然肯定会忘掉，所以马桶和床便成为了我创意的发源地。因为我觉得只有人在不考虑别的问题时，才能把创意发掘出来。

在平时，你一定要花一点时间想一些和工作没有关系的事情，只考虑工作会完全限制住你的思维。你可以去关注一下流行文化，比如你想向读者传递一些信息，如果只是一些特别尖酸的理念，则是很难打动他的。所以，你可以尝试用一些流行文化去包装你想传达的讯息，读者可能会更愿意看。所以，小说、影视剧、戏剧、音乐、艺术、广告、游戏、网络段子，都要有所关注。你可以把他们变成你的资料库。

接下来，我结合一些具体案例，从三种创意方式来谈一谈“如何做创意”。

一、联想借用

第一个联想借用的案例是关于王宝强的。在他主演的《士兵突击》正火的时候，我们做了一期《娱乐周刊》的封面。我到现在也说不清楚，为什么我当时第一时间就想到了雷锋的造型，可能因为他个子也不高，可能因为他也很朴实。现在想想，也许有别的表现方式，比如说王宝强笑的样子，大家知不知道岳敏君的画，我觉得那些笑脸其实跟他也是蛮像的。这个创意我当时也想到了，但我还是觉得要选一个跟士兵相关的，因为当时毕竟是《士兵突击》非常火。

第二个案例，李连杰拿到他生命中的第一个金像奖影帝，大家看到图中有一只手加冕王冠。因为我是学美术史的，所以有一些相对的积累，这只手是大有来头的。右下角那张小图是卢浮宫里面一张著名的油画《拿破仑加冕》，是拿破仑加冕皇帝之后给自己的妹妹加冕。上面的王冠和手就是拿破仑的手，我当时想，李连杰演了大半辈子终于拿了一个影帝，想突出这一点，但是并没有更好的照片，所以便结合了这一幅画进行了制图操作。

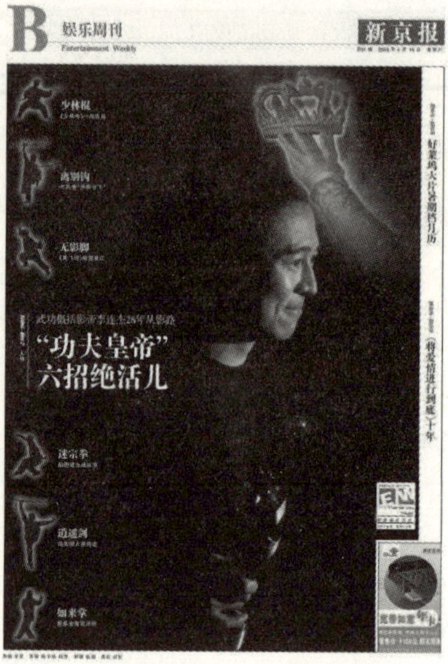
B 娱乐周刊
Entertainment Weekly
新京报
少林棍
离别钩
无影脚
武功概括影帝李连杰28年从影路
“功夫皇帝”六招绝活儿
迷宗拳
逍遥剑
如来掌
好莱坞大片暑期档月历
《将爱情进行到底》十年

而让我尤为得意的，其实是配图中的“六个小人”，他们分别是：少林棍、离别钩、无影脚、迷踪拳、逍遥剑和如来掌，对应的是李连杰从影多年的人生轨迹。从“少林寺”起家，到“离别钩”他跟青梅竹马的老婆分手，“无影脚”是由他扮演的黄飞鸿大获成功，于是在香港开始真正的发迹，“迷踪拳”是他演完黄飞鸿之后有一段时间很迷失，包括在香港发展不利，受到黑帮威胁回到国内，“逍遥剑”则是他重返香港，然后去好莱坞发展，最后的“如来掌”是他开始做壹基金。我觉得用“如来”和壹基金的公益概念结合是很好的创意。这一次是策划先行，之后再让记者按照方案写的稿子，所以有时，编辑思路要走在记者采写前面。

二、就地取材

所谓“就地取材”，就是说你要从对象本身去发掘一个点，然后以此来升华自己的创意和想法。

《色戒》的导演李安，是一位很有人文关怀和文化底蕴的华人导演，但我们没有找到一张他穿中式衣服的照片，只能通过制图的方式，给他穿上了一件唐装。在这一版面上，我们还配了一些国画元素。后来这个版送给他，他特别高兴。他说：“谢谢你们让我穿了一身中式的衣服。”

另外一个版面是《太阳照常升起》的导演姜文，记得这部影片在上映以后，曾引发了很多争议。在做这一版面上，实现了我当时一直在思考一个问题，中文是不是可以作为视觉元素主体用在版面设计上？

我之所以把这两个版面放在一起比较，也是想展现中国元素在创意中的运用。我们看到的国外版面很多创意都非常好，因为他们的英文字体组合起来的确比汉字要好看，但并不是说国外所有元素都适合具体的创意。

譬如《水木清华》特刊，是为清华大学百年校庆所作的专题策划，确实非常难。我们要把这一百年串起来，还要找到相关的形象元素。记得第一版的设计方案，是把不同时代的清华人都画到一张画里，类似陈丹青画过的《国学研究院》。但是我们的美编并不都是陈丹青，所以这个创意很难实现，于是我们选了一些不同时期的清华徽章，而且每一个徽章单独对应一个封面。由此可见，"就地取材"的办法是非常实用的。

三、逆向思维

2011年5月，国家话剧院要搬入新址，同时，位于帽儿胡同旧的国话小剧场要拆除了。这里曾经走出了孟京辉等一批如今当红的话剧人。"别了，国话小剧场"专题一共六版，我们设计见报当天正好是新国话剧场剪彩开张。王跃春总编辑看了这个专题，对我说："金秋你实在是太拧巴了，人家开张你就做拆迁。"我们的思路是这样的：第二天别的报纸做的点肯定都是"新国话开张”， 而我们的封面上，只有一小条“新国话揭开红盖头”，把更多更大的篇幅都用来做“被拆掉的小剧场”——一个北京文化地标的消失。

封面袁泉那张照片是她自己拍的。我们采访她，她说昨天正好去小剧场旧址，她是中戏毕业的国家话剧院演员，对老剧场有很多感情。所以在拆之前，她就到帽儿胡同门牌下，给自己拍了张照片留念。后来她发给我们，就做了现在这个很有气质的封面。有时做策划，不妨从热点逆向思维，也许就能得到更好的视角。

策划怎么做

接下来谈谈“策划怎么做”，这个确实也很难讲。在我看来，第一步的准备阶段，是非常重要的。做策划久了，就会发现，什么事情适合做选题策划，很多是可以提前预测到的。比如与名人、重大事件纪念日有关的报道，都是可以提前预知的。这样一来，准备的时间就会充足一些。如果遇到这一选题涉及到的领域，是自己所不了解的，则需要去快速学习，找相关资料去了解。另外，在准备阶段，也可以请一些专家来做顾问。往往他们依据专业知识会给你一个很清晰的思路，再根据专家提出的框架去找适合的素材，提高效率。

第二部分则是制定阶段，就是内容与形式结合的过程。我个人偏爱用“思维导图”的方式，当你思考一个选题策划时，可以用一张纸和一支笔，想到什么就全都写下来，可能会越写越多，不过写完以后，再在其中去发现他们之间内在的联系，看

这种联系符不符合你想要的，如果符合，他们就会组成一个个交集，你便可以根据这个交集来搭建框架。

通常我会用两种方式来处理“思维导图”，第一种方式是汇集式的，适用一些大选题，因为这类选题通常想到的东西会非常多，而你则需要找到一个小切口，以避免面面俱到，因为那就等于空泛肤浅，只要做足一点就会收到很好的效果。也就是说，“形式大于内容”。比如说年终盘点、纪念日报道，其实任何一家媒体做的主题都是一样的，只在于你用什么形式，选什么内容。

另外一种是放射式的，适用于小选题。比如说一些突发新闻、解释性新闻、行业趋势报道等，这些小选题则需要去放射，需要一些更加发散的思维将其扩大。因为读者希望在这些小选题中能看到更多，所以要把深度和广度都告诉他，在这里，形式就变得不是特别重要，内容则尤为重要。你如果多采访到一个新闻当事人，或者有一个新视角，这有可能胜出其他媒体。

下面我想重点谈一下“形式大于内容”的策划案例——“曹禺百年”特刊。记得在策划之初，我就在思考：一位剧作家的百年纪念特刊，采用怎样的方式才是最好的？我想到了剧本，而据我所知，到目前为止，还没有一个特别好的剧本可以诠释曹禺先生的一生，我们决定尝试一下。

于是我们花了半年多的时间来筹备整个特刊，而剧本是很难一下子就

新京报 www.bjnews.com.cn

新京报公演

四幕话剧

苦闷的灵魂

纪念戏剧大师曹禺诞辰100周年专场

第一幕 雷雨天津卫

第二幕 日出清华园

第三幕 原野流亡中

第四幕 北京人之疮

新京报

纪念曹禺诞辰百年 B08

能学会的。记得当时，我们买了曹禺的所有剧本和书发给每一位参与者，让大家去学习，去挑素材，不断地筛选各个细节。最后呈现出来的，我觉得还是非常好的，从策划的角度来说，剧本的形式完全实现了。这期特刊共八个版面，采用了四幕话剧的形式，分为《雷雨》《日出》《原野》和《北京人》，分别对应他最著名的四个剧本。值得一提的是，虽然是剧本，但这里面的人物对白，都是别人记录的、真实存在的事情，我们并没有任何虚构，只是做了一些取舍，并将其整合，来体现曹禺先生的一生。

这次特刊，其实有一个小小的遗憾，在做版时，我希望整个版面呈现的是一个舞台的效果，但当时因为种种原因没法实现。直到“人艺60周年”特刊时，才弥补了这一遗憾。在这次策划中，我是先想到的标题，因为人艺有好几句大家都知道的警句，比如说“戏比天大”“拉开大幕是真的”等等。我个人偏好“拉开大幕是真的”这一句，因为它的画面感会更强一点。有时候做策划要想到画面感，因为最后你所有的策划，都要落实到报纸上给人看。

标题定为“拉开大幕是真的”，那就要拉开大幕给大家看什么样才是真的，所以我用了两个连版，是一个舞台的效果。当时还有一段小插曲，一般没有广告的版面，全彩成本会很高。所以起初给我的版面是单彩，并不是全彩，但我的版面是对开的连版，这样一来，就会变成一半是彩，一半是黑的，为达到最佳的效果，我便去争取，要求一定得给彩版。

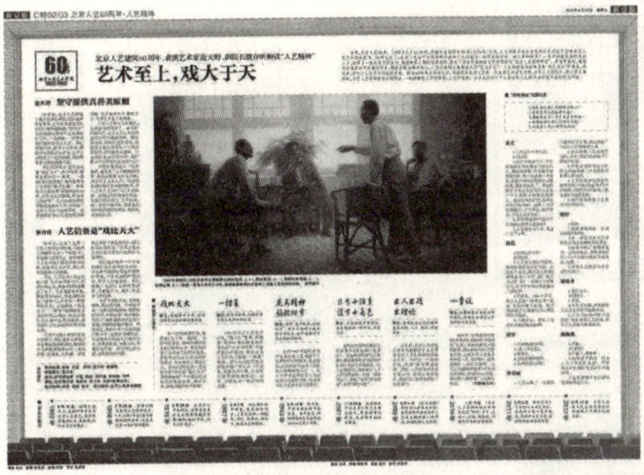
C特02/03 北京人艺60周年·人艺精神

60

北京人艺建院60周年，表演艺术家做客时，剧院长期存续解读“人艺精神”

艺术至上，戏大于天

人艺信条是“戏比天大”

www.bjnews.com.cn

星期5

《哈利·波特》毕业典礼

在这一特刊中，我们用了10个剧目来概括人艺的60年。不只是戏本身，也包括戏外的部分，譬如一些人艺艺术家幕后的故事。我们选的每一个戏名，其实也跟他们有一定的关联，比如说人艺原来在一个很偏僻和破旧的地方，后来有了首都剧场，这跟《龙须沟》的改造是不谋而合的，而恰巧《龙须沟》也是新剧场拍的第一个戏。

另外不得不说的是《哈利·波特》特刊，这是我个人非常喜欢的一次策划，在《哈利·波特》系列电影最终落幕时，我们做了20个版，记得当时有人很疑惑，说金秋你肯定是一个哈迷，非要做20个版，值得吗？我说我真的不是一个哈迷，但我觉得这个东西值得做。他说为什么？在此之前，我曾看过一个女孩写的一篇文章，文中她回忆了她跟《哈利·波特》的关系，但其实她讲的是她自己的青春，因为这一系列电影已有10年，也是她从中学生到大学毕业、然后工作的10年，她说她喜欢一位学长，她怀念自己的青春。每当看到《哈利·波特》系列电影，她都会很感动。我突然觉得，电影的重要性其实并不在于电影本身，青春的东西是最容易流逝的，我们这些70后已经开始怀旧了，电影内外，其实是青春的回忆。

接下来，我又想到了“毕业”，因为青春记忆中，毕业期常常是令人感触最深的。回想一下大学生活，可能很多细节都不太记得，但毕业时跟大家分离的情景肯定是印象深刻的，所以后来我们就用了毕业典礼的形式来呈现。报纸上的每一板块都对应毕业典礼上会出现的一些细节，并且每篇文章的标题，也全部出自校园民谣，关于友情，关于爱情，关于青春。

都说是青春无悔
包括所有的爱恋

标题出自老狼的《青春无悔》，我觉得原作者罗琳和最后一部电影的导演大卫·叶茨在成功地创作出深受年轻人喜爱的作品的同时，一定把自己的青春也放在了里面，所以选择了这一标题。

罗琳 将青春付给你，岁月留给我自己

大卫·叶茨 幸运的是我曾陪他们开放

“家长会”，与毕业典礼有关。

放下魔法杖，等青春散场

不忧愁的脸是我的少年，不仓皇的眼等岁月改变

“同学录”是讲所有主演离开这部戏之后，对其他演员的评价。

爱你的每个瞬间，像飞驰而过的地铁

“散伙饭”是对中国“哈迷”的采访。

版面如何实现

“版面如何实现”，则涉及一些很细节的东西了。首先，在执行之前一定要有一个特别详细的策划案。这一点非常重要，因为策划有时候是一个人，而更多时候是一群人，你要让所有执行人员都详细了解，就需要一个非常细的策划案。我觉得一个合格的策划案，要具体到版面所有的重要元素。一般在我的策划案中，我会把栏目名都想好，每块文字多少都标注好，主图、配图、图说什么样，都要写进去，这样执行起来就会非常顺利。

另外对于领导层、策划专题负责人比较重要的，就是你要“知人善用”，你要知道参与这个专题制作的每一个人的特长是什么，喜欢做而又能做得好的人，任务就派给他去做。千万不要强人所难，他不喜欢，就不会感兴趣。版面初稿形成以后，接下来起决定性作用的则是统筹编辑，他的作用是什么呢？稿子收上来之后，统筹编辑一定要看一遍，改一遍，所有的细节他都要来把关。

另外值得一提的是，版面上的一个标题，甚至一个LOGO，也会体现出编辑的创意和策划能力，以及这个编辑是不是用心。在我们部门，不允许栏目名采用“链接、资料”等词语，这是不可以出现的。只要你用心，你肯定能想到比这个更好的。再比如一个较大的专题操作，大标题的格式是不是统一的，如果不统一，那语式或者出处是不是统一的；小标题也一样，导语的写作，主稿跟副稿的关系，主图和配图的大小比例，包括图说和写作等等这些细节。我在接下来的案例中，会谈到这些问题。

第一个要说的案例，是话剧《恋爱的犀牛》新版推出时的专题策划。

C08

牛B

新京报

李乃文、杨婷回忆生命中最璀璨生辉的配角表演

爱“犀牛”是我做过最好的事

演了“牙刷”出门休演

C06

新京报

孟京辉
廖一梅

我们的合作是天仙配

“犀牛”是不可复制的火焰

据我所知，这应该是当时中国平面媒体对一个戏剧做得最大规模的专题，我们做了10个版面。记得当时去找这部戏的导演孟京辉时，我是直接拿着策划跟他谈的，当他看到右下角这个栏目名时，来了句：牛逼。因为在他看来，一个如此主流的报纸，竟然敢在策划上用这个词儿做报头，他觉得挺“牛逼”的，并且所有的报头都是以“牛”来起头，恰巧老孟个人平时就特别喜欢说“牛逼”这个词儿。从此之后，他也成为了新京报的朋友。

这一策划中，在细节上，还有很多可以琢磨的地方。我比较喜欢每一个版都有一只红色小犀牛的创意，在每一个犀牛上面，都有剧中一句经典的台词。可能看过这个戏的人都知道，廖一梅的这个剧本，里面有很多台词被人们称为“爱情圣经”，我觉得应该有体现。所以在每一个小犀牛身上，都设了一个叫“牛言”的小栏目。

第二个案例是《三国群英传》，这个专题共16个版。因为是四大名著之一，所以一定是一个比较大的专题操作，其实只看《三国群英传》这个名字，本身就是一个游戏。所以“游戏”的元素就遍布整个策划中。在封面的设计上，我们采用了最古老的游戏“华容道”，封底我们用的是前几年非常流行的桌游“三国杀”。

另外在版面设置上，我借鉴了《三国演义》章回体小说结构，整个框架

www.bjnews.com.cn
星期5
三國 群英传
新版《三国》重绘英雄谱

C16 三國杀
新京报
一局游戏论英雄

“以人为本”。“三国”塑造了很多大家难以忘记的人物，标题是完全按照古典小说的对仗形式来起拟的。特别值得一提的是，针对每一个人物，我们还做了曲线图，用来概括人物的一生，我觉得这个细节特别有意思。

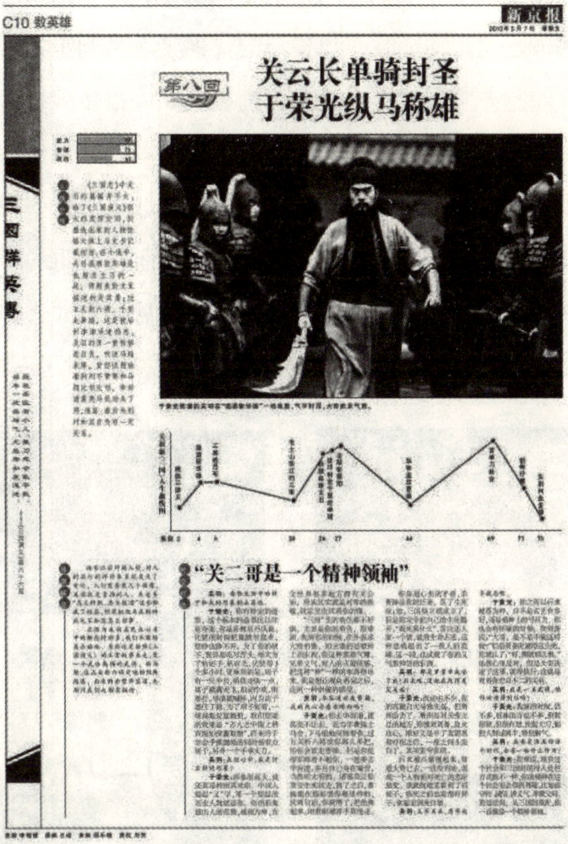
C10 数英雄

新京报

第八回

关云长单骑封圣
于荣光纵马称雄

“关二哥是一个精神领袖”

整个专题最大的亮点是虚拟“对话”，就像“曹操对话陈建斌”。当然这个“曹操”，只是我们记者借用曹操的身份来问陈建斌一些问题。比如说电视剧中有一段情节，陈建斌所扮演的曹操在逃亡过程中，来到一个庙里，我们就借用曹操的身份，来问他：我当时不会那样做的啊？你为什么要把我演成这个样子。这样一来，整个专访就显得非常有趣而生动。

编辑的职责

在策划和创意的过程中，有时则需要你与领导沟通，尽量争取一些东西，这是我最后要讲的“编辑的职责”。因为有时，很大的阻力是来自你与领导的沟通不畅。而只有你才是最了解这一策划的呈现最需要什么，你需要跟领导去解释，让他予以支持和配合。

这里不得不提的一个案例，与之前不同的是，这不是一次文化娱乐的专题，而是2008年汶川地震时，我参与的《逝者》特刊策划，当时做策划时，是大家一起想方案。记得当时有人提出，国外很多报纸，在灾难报道中，在版面上基本都会体现遇难者的名字，但问题是，我们该如何呈现这些名字呢？如果用新闻照片做封面的话，那太残酷了，有些图片实在不忍心看，我们需要给逝者留一份尊重。那么，对逝者最庄重的告慰便是纪念碑，所以最终《逝者》的封面，我们采用了纪念碑的形式，碑上是当时公布的每一位死难同胞的名字。所以这一创意也很快就通过了。

我当时有一个更大胆的设想，就是把整个报纸全都竖起来排版，每打开两个版面，是一个超长的纪念碑。但是领导觉得这个已经完全打破读者的阅读规律了，没有通过。但是《逝者》封面创意的最终呈现，我已经很满意了，所有不能去前方采访的同事们，都觉得这也算是自己为灾区所作的一份贡献吧。

之后报社又做了另外一个特刊《活着》，讲灾后重生的人。说实话，这个封面我非常不满意，我个人更喜欢之前一个没通过的方案。做策划最忌重复，我想做一些跟《逝者》不一样的东西，之前的《逝者》封面用了“密集式”的人名排列来体现的，我想“活着”是活生生的人，封面中应该是有人的。所以当时选封面图片时，我选了两张照片，都是报社摄影记者拍摄的，其中一张是汶川地震中余生的一位老人，她家里所有人都遇难了。这世上，全家只剩她一个人活着，那她以后的生活会怎么样？应该怎么办？大家都知道罗中立著名的油画《父亲》，我看这张照片时就想到了这张画；同时，我觉得应该传递一些正面的能量，不能让本来悲伤的情绪渲染的更重了，所以我在封底选择了两个小孩，这两个小孩好像是父母都遇难了，但是他们有好心人收留，他们可以有笑容，代表“活着”的另外一层意义，就是希望的存在。而另外一个封面的备选方案，是一位母亲带着一个小女孩，尤其是完全灰暗的背景下，只有这个小女孩身上衣服是彩色的，她妈妈带着她，她们要走出灾区，我觉得这个图景，就是“活着”的全部意义。但是最后这些方案都没有被采用。

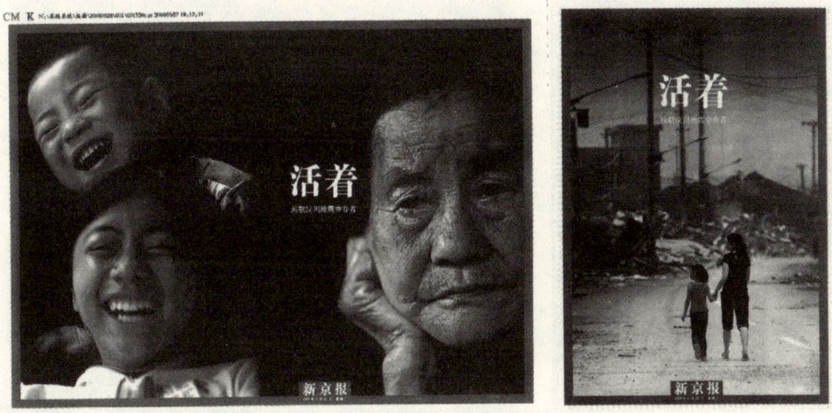

两个落选的《活着》版面方案

在我看来，很多创意，都来自日积月累，而一个合格的、称职的编辑，是需要自己不断“奋斗”的。记得刚来报社时，我当时的主编是王小山，他给我见报的第一个版面评级是E-。这是报社稿酬系统最低级的，我应该也是当天报纸上获评最差的编辑。费了很大力气却获得这种评价，心里肯定很不好受。记得当天回家后，我就给当时指导我们这些“新兵”的老师发短信息，他觉得标题不好，于是我就绞尽脑汁想了十来个标题，写在一条很长的短信里发给他。之后他就回了我一行字——“你以后会是一个好编辑”。

文字整理：赵勇力

（发言者系新京报文娱新闻部副主编）

"阅读为王"有两层含义：第一是阅读，就是报纸要站在读者与受众的立场去操作；第二是悦读，是要重视受众的阅读体验，使读者在阅读中能够感到愉悦。

阅读为王

何龙盛

注1：发言者的创意造字，音【yue】。

可能很多中国的报人都听说过"内容为王"，我所提的"阅[注1]读为王"，则是一种对主流观点的颠覆。这里提到的"阅读"有两层含义：首先是阅读，就是报纸要站在读者与受众的立场，而不仅仅是站在编辑部的立场去操作；第二层面的意思是悦读，是要重视受众的阅读体验，要使读者在阅读中能够感到愉悦。

英国的哲学家赫伯特·斯宾塞曾说过：

> 不管作者的才智有多杰出，不管传播的信息有多重要，也不管印刷工人的技术有多高明，没有人阅读的印刷品只不过是一堆废纸和不值钱的油墨罢了。衡量印刷品真价值的标准，不在于印了多少，而在于被阅读和理解了多少。

这句话所强调的就是“信息唯有传播通了才是有效的”，即信息被阅读和被理解之后，才是有价值的。他强调了信息传播的结果导向，同时，他也提醒了媒体从业人员，提升传播水平，改良传播技巧有时甚至比内容本身更加重要。

> 我们生活在一个信息过剩（而时间短缺）的世界里，如果能够吸引消费者多看一眼你的报纸或杂志，你成功的机会就会多一分。
>
> ——蒂姆·哈洛维《报刊装帧设计手册》

在今天，当你作为一位读者时，你并不缺乏选择，北京和全国都有很多报纸供你选择，而且内容还都很多，信息以各种形式存在，大家生活在一个信息爆炸的时代。例如今天的《新京报》，日均有80个版面，报纸变得越来越厚，给你能够选择的余地越来越多。而今天我们真正缺乏的，其实是受众的注意力，所以吸引受众，抓住他们的眼球显得空前的重要。

之所以提出“阅读为王”，是报纸因应媒介生态变化的一种合理转型，而《新京报》比同行更加敏锐地意识到这一正在发生的变化，更早地做出了策略选择。所有这些，都使得我们的报纸，我们的媒体，从之前的“内容为王”而转向到去抓住读者的注意力，并使读者在阅读过程获得更大满足，这便是在新闻学研究中提到的“视觉新闻学”（View Journalism）。通俗地讲，就是从“让我读”，转向“让我看”，将信息由之前的文本思维和线性写作转变成更加具象化的视觉方式呈现。

阅读 提升报纸竞争力的新路径

简单地讲，现代报纸竞争力三要素是：第一，内容；第二，营销；第三，信息传达水平。

在过去的四百年间，古今中外的报纸，竞争始终主要围绕着内容。强调“内容为王”这原本没错，报纸必须在内容上取胜，必须有更多的独家新闻、深度调查、权威解读等内容，你只有将这些做的比别人好，才能更具有优势。这是一种传统的竞争路径，但是现代报纸如果只强调这一点，则是远远不够的。

我们还要注意第二个要素——营销。在这方面，中国报纸比较典型的代表是《广州日报》。《广州日报》在过去的十几年里一直都是报纸行业中经济效益最好的报纸，我刚刚好经历了这份报纸从平庸走向强大的这一发展过程，是在1997至1998年间，这份报纸在全中国第一个推行自办发行。所谓的自办发行就是以前的报纸是通过邮局来订阅并投递的，而《广州日报》则是自己建立了一个送报员队伍，他的发行团队能够做到：保证在早上7点前，把报纸送到你的家门口或茶楼。

当时在广州还有两家内容做得很好的报纸，一个是我当时所在的《南方日报》，另外一个是《羊城晚报》。而《广州日报》的总编辑黎元江，是一个非常有远见的报人，他知道仅凭报纸内容是很难超越这两家报纸同行的，但他找到了其他报纸没有采取的策略，就是在营销方面的突破——我不跟你比较在新闻内容上写得如何漂亮，是否有更多的独家新闻，我跟你比的是，你的报纸要9点才能送到读者手中，而我早上7点就可以送到。而对于读者来讲，读者并不是特别专业的媒体人，对于这个标题是不是做得更好，文本是不是更漂亮，采访是不是更加充分，并不是十分敏感，但读者对于早上出门的时候能不能拿到报纸，在茶楼喝茶时能不能看到当天的报纸则非常敏感。而这一关键点，在此之前是一直被众多报纸所忽视的，但是《广州日报》却抓住了这一关键点，在很短的时间内，这份报纸就成为了广东最受欢迎的一家报纸，从而连带它的广告收入实现了高增长。而时至今日，自办发行已经成为所有市场化报纸的一个标配。

说到第三个要素，信息传达水平的提升，在这方面，应该说新京报是走在前列的。所谓“信息传达水平的提升”，即当读者进行阅读时，不管看报纸还是看书，读者的满意度，取决于读者获得的信息价值与读者获得信息的费力程度的比值，这便是传播原理中的施拉姆公式。在这一公式中，它其实揭示了两点，譬如一份报纸要想获得更高的读者阅读满意度，从而提升自身竞争力，则有两个路径，一个是提高信息价值，另外一个便是降低读者获取信息的难度及付出的成本，而这一成本便来自于读者阅读时间与阅读体验。譬如，同样的一篇新闻报道，如果内容非常易读，排版非常简洁，设计非常美观，读者则会花更少的时间阅读完这则新闻，而且阅读过程中也是非常愉悦。也就是说，降低读者的阅读成本，一是要做到易读，二是要有更多图像化的传达，三是提升读者的阅读体验，即做到“阅读”。

一直以来，很多报纸同行，都是在三要素的前两者中做文章，而新京报自创刊以来，除了前两者，还着重于第三点“对信息传达水平的提升”。当大家在竞争中，都对于前两者有足够的重视，而如果长期这样，要获得领先优势则会越来越难，而你在大家原来都忽视的方面稍微有点投入，你获得收益就会非常明显，见效也很快，这就是经济学中的边际效益递减原理。

新京报创立10年来，在视觉传播方面，进行了很多实践探索，并取得了一定的成果。新京报的视觉传播形式，包括了摄影与版式设计两大方向，并进一步细分为新闻摄影、创意摄影、信息制图、插画、漫画等样式。我们知道，在通常意义上来讲，报纸主要依靠的是白纸黑字的传播方式，而以上的这些视觉手段则是在告诉人们，在白纸黑字以外，其实还有很多更有效率，更加令人赏心悦目的传播信息的方式。而在这其中，摄影是非常重要的一种视觉传播形式。

摄影 拍出更利于传播的照片

从中国的新闻摄影发展阶段来看，大概分为三个阶段，第一个阶段便是宣传摄影。再远的我们不去说，即便在我刚参加工作时，有次去采访时我遇到一位摄影记者，为了拍摄出“新农村建设的辉煌成就”，便想在一棵荔枝树上拍摄出大丰收的场景，于是他动员村民把其他树上的荔枝摘下来，绑到他要拍摄的那棵树上去。这在当时是一个非常普遍的做法，因为宣传摄影有一套它自身的逻辑，即“主题先行”：我是要鼓舞人心的，所以必须特别美好，所以我可以采取任何手段来实现它。这样的一套逻辑思维，跟苏联其实是一脉相承的，在很长的一段时间里，直到20世纪90年代末，我参加工作时，整个中国新闻摄影界，还是被这样的一种风气占据着主导地位，而随着后来中国媒体的市场化改革，这一思维逻辑才被逐渐打破。报纸要想让更多读者来订阅，要获得更多读者的认同，就必须将其打破。当然，在今天，这一套逻辑在某些媒体依然没有过时，依然占据着主导地位。

第二个是纪实摄影阶段，是在20世纪80年代末开始，荷赛（WPP）在中国北京举办了一个展览，一下子让中国的记者们开了眼，知道了原来其他国家的同行是这样拍新闻的，震撼了整个中国新闻摄影界。也是从那时开始，大家便逐渐意识到，新闻摄影应该回归新闻本身，即真实与人性，以前的宣传摄影是要把人拍得非常漂亮，布光也非常讲究，一个摄影师就是一个导演，甚至要把所有因素画在草图上，而纪实摄影告诉你不是这样的，是要抓拍的。从此大家才知道了什么是真正的新闻摄影，但有趣的是，当时有很多摄影记者在媒体中通常是非常人格分裂的，他自己知道什么是好作品，拍完以后贴在自家的墙上面，但给报社的还是宣传摄影要求的作品，当然也有一些市场化的报纸，开始按照纪实摄影的思路去操作。

到了第三个阶段，所谓的整合视觉传播，是将所有一切手段，系统性的整合起来，围绕着新闻的规律，按照视觉的规律，将其进行更加有效地传播，你可以是新闻摄影，也可以是插图摄影，可以是插图，也可以是制图，使多种视觉手段结合起来使用。它比第二个阶段更进一步强调了摄影记者是在为报纸拍摄，拍摄的是新闻，并要最终有利于传播，关注的是在报纸版面的生态中，如何让自己的作品更具有针对性，传播起来更有效。所以摄影记者除了注意如何拍好照片，还要对其在报纸上的呈现效果予以考量。在此阶段，中国有两家报纸走在了前列，一家是《新京报》，而另外一家是《东方早报》。非常巧合的是，这两家报社都创刊于2003年。

简单来讲，摄影就是要解决“拍什么，怎么拍，以及如何在报纸上呈现”这三个问题。新京报在“拍什么”这一问题上，我们认为其实什么都可以拍，只要是现场中发生、存在过的，都可以拍摄。在新京报里，我们有这样的一个共识：你今天报道的新闻，拍摄的画面，以后都将成为历史。所以要对新闻常识有一种尊重，对历史有一种敬畏。另外，在现实的新闻报道中，我们难免会有不可以说的真话，但新京报要求永远不要说假话，所以我们严格要求摄影记者绝对不可以摆拍。在2003年新京报创刊之前，毫不夸张地说，很多媒体除了摆拍根本不知道如何拍摄。记得在新京报创刊后的三个月，一位路透社驻中国的首席摄影师告诉我，他说你们新京报的摄影记者跟其他媒体的不一样，我在新闻现场能一下子认出你们的摄影记者，有两个标志：一个是你们的记者拿的相机是最差的，这里要特别说明的是，新京报在创刊时资金非常紧张，摄影记者用的都不是专业相机，都是半专业的，所以一下子就能看得出来；第二个标志是你们的记者不摆拍，不摆拍就意味着你要比别人付出更多的时间与精力。这就是他区分新京报摄影记者与其他媒体记者不同的方法。所以，这也就涉及“怎么拍”的问题，首先也是最为重要的就是尊重常识，实事求是，其次是创造性，即注重突出拍摄过程里的各种细节呈现，所以我们也一直倡导“图不惊人死不休”，我们的摄影部在建立之初，便以路透社的拍摄标准来要求我们的摄影记者。

第三点是怎么样在版面上运用照片。在这方面，新京报与其他报纸的不同，是我们在报纸上的视觉表现形式更加多元，一张照片拍摄完成后，我们还要在图片编辑层面，在版面编排层面，考虑它的最佳表现形式，使其在报纸上更具有视觉传播力。

在实际操作过程中，新京报的摄影团队分工是非常明确的，有的人是专门拍摄突发新闻的，有的人是专门拍人物的，当然，同样一位摄影记者，也会拍摄不同类型的题材，有时他会像战士一样冲到新闻事发现场第一线，有时又会像人文考察者，深入到一个地方进行拍摄，拍摄出这里的文化韵味。

除了新闻摄影，值得一提的还有新京报的创意摄影。一直以来，创意摄影获得了业内外的很多赞许及肯定。从创意摄影的创作流程来看，首先是主题先行，周密策划。这一点跟宣传摄影有些类似，但他们之间的本质区别在于：创意摄影并不是在捏造真实，而是在进行虚拟创意，读者本来就知道它就是虚拟出来的，是被PS出来的，就像拍广告一样，甚至还要制作道具，搭建布景等，包括后期的精心设计。

自然美白——微笑面对风吹雨打。新京报记者 王远征 摄

去皱—— 美容版面《身体微调》专题中专版插图。 王远征 摄

而另外一种特别有趣的摄影小品，是“城市表情”。在城市里的日常生活中，大家司空见惯的细节，会在摄影师的镜头下，呈现出另一种有趣的状态。“城市表情”在创立之初，只是为了配合气象预报版面，很多人认为新闻都是很沉重的，但是在翻到新京报最后一页时，看到这些照片，会觉得这个世界还是挺有趣味的，挺美好的。慢慢地，它获得了更多读者的喜爱，成为新京报创意摄影创作的重要题材之一。记得在我们的读者中，曾有一位中国人民大学的研究生，就非常喜欢城市表情这个栏目，并以此为他毕业论文的研究课题，题目是《城市表情，给读者的一道视觉甜点》，我觉得这个题目起得非常棒，它告诉你这是非常令人愉悦的视觉享受。其中有一张照片，名为《一叶知秋》，记得当天见报后，有朋友就给我打电话，他说看到后非常感动。

接招——北京国贸。两位“模特”在经过的板车上做着高难度动作。新京报记者 浦峰 摄

各有所好——北京牡丹园。一对情侣被头顶飞过的风筝吸引，另一对则沉浸在二人世界中。新京报记者 王嘉宁 摄

简约 国际版面设计的趋势

在视觉传播形式中，另外一个非常关键的要素是版面设计。中国报纸在版面设计方面，最早与国际接轨的，是20世纪90时代中期，浙江的两份新报纸，在创刊时邀请了中国美院一位有留洋经历的教授担任美术指导，这样她就把一些西方的平面设计理念带了进来，但当时做得还不是很系统化。再后来，北京的《经济观察报》创刊时，它的美术总监也是一位有国际视野的新锐，将现代美学中的“简约、素雅”风格注入到了这份报纸的版面设计之中。而《新京报》虽然在版式设计上不是最早与国际接轨的综合性报纸，但目前来看，却是走在最前列的报纸之一。

所谓现代报纸的“国际版式”，主要包括四个特征：1. 模块；2.静态3.简约；4.图像化。所谓报纸的模块，简单地说 “矩形”加“组合”，这二者是也是模块的英文词意。大家都知道，报纸上的内容都是由大大小小不同的矩形模块所组成的。这些模块的组合，是报纸文字、图片呈现的基本形式。第二个是静态，报纸的静态就是对于报纸版面及内容的一种分类编排。打个比方，比如你进入一家超市，蔬菜在哪，日化用品在哪，都排列地很清晰。新京报就是通过A、B、C、D四叠来划分内容的，而在新京报成立之前，北京的报纸还都没有这种细分形式。第三个特征是“简约”，这是一种美学的风格，同样，在新京报成立之前，北京的很多报纸版面通常讲究的是“冲击力”，讲究的是“浓墨重彩”，现在看来，这其实是一种过度设计，设计本来应该是为阅读服务，但这样一来，反而成为了阅读的负担与障碍。所以，新京报成立时，就提倡“简约优雅”的风格，提倡不断地“做减法”，认为设计不是越多越好，而是如何提高阅读的效率。但这样做，也有一定的风险，因为其他报纸具有强烈的视觉冲击力，所以放到报摊上就会比较醒目，而简约的新京报会不会被读者忽视？但慢慢地，读者发现，其实新京报这种简约的设计会让人阅读起来更舒服，不会让人眼花缭乱，也更有品质感。

最后一个特征是图像化，即尽可能多的采用非文字形式来传递新闻。在早期的报纸上，文字是报纸的主要组成部分，像新京报这么大的一个版面，差不多会有7000多字，新京报在创刊时，是4500字，而今天的新京报，一个版面只有两千多字。但是我从来没有听到过读者抱怨说，新京报的内容信息量下降了。因为现在的读者并不关心你报纸上总共装了多少字，关心的是他能够看到多少有价值的新闻信息，而图像化是提高读者阅读效率和阅读体验的有效方式。

新京报与国际的接轨，也使得中国的报纸开始被国外的同行和权威机构所关注。早在2007年，新京报选出了自己认为不错的版面设计作品，参加了报纸版面设计领域——全球最权威的SND奖的评选。第一次参加，我们便拿到了两个插画类的优秀奖，而在此之前，中国还从来没有报纸媒体获得过SND奖项。获奖后，我预言中国的报纸版面设计接下来将会有一个质的飞越。果然，从2008年起，更多的中国报纸开始关注自己的版面设计，虽然大家都还没有很专业的插图师和制图师，但却涌现了很多非常优秀的作品，直至现在，越来越多的中国报纸，每年都会积极参与SND的评选。而且虽然目前报纸行业的采编岗位在不断减少，但相比之下，版面设计的插画师和设计师的岗位需求却在不断增加。

之后几年里，新京报陆陆续续又获得很多SND的各种奖项。2009年，总部设在巴黎的世界报业协会，在其发布的年度蓝皮书中，评选出了“全球报纸TOP5”，这一排名，将新京报与包括英国《卫报》在内的全球五家报纸并列，并且新京报还位居第一。当刚得知这一消息时，我们非常震惊，对于我们而言，这简直就像做梦一样，是一个非常高的肯定。在我拿到蓝皮书时，我仔细翻阅了它的解释后，我终于知道了原因。它提到中国的报纸是一个“孤岛”的状态，在报纸设计上也是一样。直到新京报2007年去参加了SND评选，业界才关注并了解到中国的报纸设计，他们将中国报纸与国际的接轨称为“孤岛的连接”。

他们还称新京报是“中国的先锋”，我明白其中蕴藏的另外一层含义，因为中国的报纸之前过于封闭，现在有这么一张报纸可以代表中国与国际接轨的努力，这其实是一种鼓励，可能也是与其他四家报纸不同的入选标准，是希望让整个行业都来关注中国报纸的进步与变化。当然，在入选标准中，他们还重点提到了新京报的“世界级的插画应用”，而这正是我们在与国际同行竞争的重要优势，是实至名归的。

今天看来，这些“国际版式”特征已经不新鲜了，在这种全球化的趋势下，大多数的报纸都是殊途同归，而新京报仅仅只是更早地意识到这一趋势，一开始就走上了与国际接轨的道路，也引导了读者阅读习惯、审美眼光，并影响了业界准则的改变。

文字整理：赵勇力

（发言者系新京报社副总编辑）

新闻背后

BEHIND THE SCENE

新闻背后

“做记者，重要的是突破”，这句话已经听了很多次，唯有这次，让我有了切身的感受。

等待来自白宫的电话

韩旭阳

2013年5月20日下午，我们正在写关于李克强总理出访的稿子，主编路过我们办公室，兴冲冲地说，明天会有一个重要的消息要公布，但今天“还是机密”。我们几个心想，难道又有领导人要出访?

果不其然，第二天，外交部公布了习近平主席出访拉美三国，并将在加州“阳光之乡”与美国总统奥巴马举行非正式会谈的消息。记者部和编辑部立刻行动起来，为备战出访报道召开讨论会。很快，习主席出访的采访报道计划就成型了，而习奥庄园会自然成了压轴部分。“庄园报道就是咱们这次报道的重中之重了。你们几个要努力。”老大们说。

“小韩，你要尽早联系下庄园，看看能否采到。”一个编辑说。

等待

当天晚上，写完日常稿件后，按计划，储信艳、高美和我开始搜集资料，分头寻找线索，尝试找人探访庄园。我给在南加州大学读书的同学打了电话，希望她能有时间去安纳伯格庄园替我们探访一下，最好能弄到室内照片和地形图。储信艳和自己在洛杉矶的朋友取得联系，提出了同样的要求。

当时曾想到过要联系白宫，但没敢去尝试。因为在那之前不久，我为了写一篇关于中国人在白宫请愿网站“我们人民”上用中文讨论豆腐脑应该是咸的还是甜的文章时，曾经采访过白宫，但是结果很不理想。由于时差问题，我们不得不在晚上连线白宫，而经过漫长的等待，换来的却是白宫接线员机械的重复：“您好，您的问题我们已经记下，请问您还有什么要告诉总统的么？”尝试转到别的部门，几次都是响到自动挂断也没有人回应。碰到这种情况，心里有种莫名的熟悉感。

于是我们决定先从庄园这里寻找突破。“商业化的庄园应该比白宫好打交道。”这是我当时的想法。随后，我给安纳伯格庄园媒体负责人发了邮件，希望能够采访一下庄园主和相关情况的负责人，希望能够得知奥巴马和习近平会分别在哪里住，在哪里会谈，是否安排了什么有意思的娱乐项目以增进两人的友情，这几天的菜单都有什么菜，能否拿到庄园的室内剖面图。问题设定完之后，感觉自己很像挖掘人隐私的“狗仔”。点击发送后，心里还暗自窃喜：这下等结果就好了，可以先准备拉美三国的材料了，毕竟我们对特多等三国所知也不多，不狂补习的话，采访会抓瞎。

第二天，没有收到回信。第三天、第四天，依旧音讯全无。而从我同学那里传来的消息更令人不安：她跟当地联系想要参观安纳伯格庄园，但对方表示，由于筹办习奥会，庄园的建筑已经暂停参观，去的话只能看看外围和花园。而这时候，已经有中新社的消息传了回来，他们的记者去也只探访到了这些。

找人实地探访意义已经不大，我们可以争取的还有庄园这方面。白天，我和同事高美想尽一切办法，尝试联系前大使、拉美问题和公共外交专家，将日常新闻做扎实。6点多买回来的饭，放到10点多才吃上几口。“这样几天下来，以后你们一天写两个版不成问题了吧。”编辑和我们俩开玩笑。的确，时间紧张，任务量大的时候，会迫使人更多地去拓宽思路，另辟蹊径，尽一切可能完成任务。

当晚，我给安纳伯格庄园打电话，在表明身份和采访意图后，接线员，一个声音甜美的美国姑娘告诉我，让我将问题发邮件给他们，负责人看到后会尽快回复。而其余的，她也爱莫能助。挂了电话，我重新写了一封邮件，希望庄园能够接受采访。

邮件发出去后，又开始了漫长的等待。习近平主席出访特多、习近平主席已经到了哥斯达黎加、习近平主席已经要离开哥斯达黎加前往墨西哥了。新闻铺天盖地的出现，我们在每天跟着动态新闻做解读、揭秘时，留给习奥会的时间越来越少。其他媒体关于习奥会的消息也是寥寥。编辑提醒我们，“一定要抓紧联系，尝试突破，我们系列报道的成败就在习奥会了。”

突破

“要不要再试一试庄园？可能会有希望。”6月4日，一贯晚起的我起了个大早，想着能够在当天访问报道安排未出之前写一下周末的周刊。在写完当天的揭秘稿件后，我开始自我催眠：“或许这次会好一点，上一次采访阿巴斯，也没想到外交部会给回应啊。”5月初，巴勒斯坦国总统阿巴斯访华，当时也只是抱着尝试的心态，联系巴勒斯坦使馆未果后，尝试联系外交部，希望能够获得采访阿巴斯的机会。中午跑到报社发了传真，原以为不会有结果，但没想到下午开地球选题会的时候，外交部就打电话说，当天晚上就可以采访阿巴斯。最终我们成为唯一采访到阿巴斯的都市类报纸。

想到这里，我再次拨通了庄园的电话，熟悉的女声再次响起，我告诉她，已经发过几次邮件，希望能够得到回应。接线员说："我们的媒体负责人今天在办公室，我们会尽快将你的邮件转交。" 挂了电话，为了保险起见，我重新写了一封邮件，字斟句酌，希望能够引起对方的注意。到23点多，我和同事储信艳、高美下班，对方依旧没有任何消息。

习惯晚睡的我，打算看一会儿丹·布朗新书《炼狱》再见周公，这是最近一段时间不让我做梦也想着习的好方法。突然桌上的iPad传来邮件的声音，抬头开表，刚过1点。"这么晚还发广告！"这么想着，打开邮箱一看，竟然是庄园媒体负责人玛丽·佩里的邮件！我立刻清醒了不少，但越往下看心越凉。玛丽在邮件里说，很高兴我们关心安纳伯格庄园，但一切有关于习奥会的问题，安纳伯格庄园概不方便做出任何表态。看到这里，我心一沉，但玛丽继续写道，你们可以尝试联系白宫，希望他们可以回答你们的问题，随信附上白宫新闻处联系方式和安纳伯格庄园CEO的声明信。

看到白宫，我迟疑了一会儿，脑子里两个小人在打架：一个说，真的好累，直接睡下算了。另一个说，这才哪到哪儿，打一个又不会咋样！不打后悔死你！我决定听第二个小人儿的。洗把脸，我拨出了当晚给白宫的第一个电话，当电话响到我以为不会有人接听的时候，耳边传来了一个低沉的男低音："Hello？" 我迅速地说明来意，他让我稍等，帮我转到有关部门去。这回接电话的人很快，一个轻快的女声让浑浑噩噩的我清醒了不少。迅速地说明来意后，这个名叫娜塔莉的美国国家安全委员会工作人员接待了我，并向我介绍了"奥巴马总统行程中可以透露的部分"。娜塔莉说，她现在在白宫新闻处工作，上司马上要去坐飞机离开，如果我有其他问题，可以让她的上司在离开前回复我一些。"很抱歉，我们只能回答不涉及机密的部分。"娜塔莉说。这已经出乎我的意料了，挂了电话，我开动脑筋，将问题梳理好，马上发了过去。等到2点多，没有任何回应。"看来和以前的那些采访没什么区别咯，石沉大海。"我在心里自嘲着，决定去洗澡睡觉。

刚从浴室走出来，就听到熟悉的邮件来声。心里想不会吧，竟然真的回复了！打开一看，果然是娜塔莉的邮件。她在邮件中说，白宫刚刚决定举行一场电话新闻发布会，内容是关于此次习奥会的背景梳理，并会透露一些行程安排。“你可以参加这次会议，或许可以问上几个问题，或许从别人的问答里找到你想要的，祝你好运！”

会议的开始时间是美国东部时间4:00-4:15。我不敢睡过去，怕一睡下去就错过了时间，干脆泡了一杯咖啡，看看庄园简介打发时间。心里有些忐忑，也有些释然。忐忑的是，从来没有参加过白宫的新闻发布会，从电视上看阵仗很吓人，不知道电话里会不会好一些。释然的是，采访总算有了突破，储信艳出差的时候都在不停地写作，回来更是挑起大梁，高美从头到尾都十分执着努力，大家一直在努力、奋斗。窗外，墨色的夜已经露出了退却的征兆。

4点，开始给白宫打电话，等待了10分钟左右，有白宫工作人员在电话里询问我的姓名、所属媒体，随后就将我接入了会场。“竟然没有询问安全码，流程好快”，正想着，主持人开始介绍，发布会正式开始。在问答环节，立刻按下按键进入排队序列，可惜只给了6个提问的机会，全被美国媒体给抢到了，不得不说是一个遗憾。

发布会结束，开始整理录音已经是5日早上5点，从4日早上起床已经快22个小时了。“做记者，重要的是突破”，这句话已经听了很多次，唯有这次，让我有了切身的感受。作为新入行的记者，我理解的突破，在于想得多一点，胆子大一点，多试一试，而不要先给自己画地为牢、畏首畏尾。心态要乐观，山穷水尽疑无路，柳暗花明又一村，坚持就是胜利。无论怎样，路就在脚下。总会有一条路，通向别人未到达的地方。

（作者系新京报时政新闻部记者）

好稿件是如何炼成的

——《被拒绝回家的人》的得与失

贾 鹏

编者按

见报之前的《被拒绝回家的人》，原稿写得有些偏离，主要问题在于样本与问题之间的逻辑链并没有搭建起来。

从这篇编辑手记中，可以清楚了解到这篇报道出炉的曲折过程，采编人员经过不断地思考，最终基于采访的事实材料，完善了稿件的逻辑链，并在见报后取得了很好的效果。

越是在这样浮躁的时代，我们越是要在专业领域做细做深做透，采编人员要警惕“意义”、“价值”先行。这是包括新京报在内的市场化媒体，在对抗中生存的唯一路径。

经过一周多的采写，《被拒绝回家的人》这篇稿子终于在2013年7月12日见报了。从最初接到选题，到最终上版签片，中间的讨论、解构、补充、修改、润色，反反复复的推倒重来，是种煎熬，更是一次远行。只要脚力足够，就能领略沿途的风景。

完成这次报道，再回过头来看，还是有很多遗憾，如果最初能更明确，更有针对性地去完善，可能很多问题就不会留在见报的稿子里了。

被拒绝回家的人

如何让样本更有说服力

稿件要做“被遗弃的精神病人”，那怎样才能说明这个病人是“被遗弃的”？应该同时具备这样几个条件：一、病人经过康复治疗，已经完全达到了出院的标准；二、病人要出院回家，并且向家属多次反复表达过这个意愿；三、家属出于各种原因，明确拒绝病人回家。

稿件里最主要的样本是张小令，他想出院，但家属明确拒绝他出院。那么最关键的问题是，张小令是否符合出院的标准？对于这个疑问，院方的回答是：“张小令目前情况稳定，临床表现基本符合出院标准。”这种评价也就留下了疑问，“基本符合”到底是能出院还是不能出院？按照程序，病人出院前需要做出院评估，只有评估合格才能出院，但张小令恰恰没有做这个评估。

这样一来，张小令这个样本就存在一个硬伤——能否出院存在疑问。因为时间紧迫，此时想重新寻找合适的样本已经来不及，因此后期修改只能向“他已经无限接近出院”这个方向上靠，但这需要更多的证据来佐证，以期让读者相信，张小令就要出院了。

其实，稿件中有明确交代，“在海淀精神病院里，已经做过出院评估，完全符合出院标准的病人有150到160人，其中约120人因为家属的拒绝无法回家。”如果最初方向明确，其实完全有可能从这个群体里寻找样本。此外后期采访也了解到，北京回龙观医院几乎都是这样的案例。

除了前面的三个基本条件外，最理想的状态是“还可以更戏剧化”，比如：这个病人因为家属拒绝，在医院住了好几年，不同的医院，不同的医生，都给他做过出院评估，评估的结果都是可以出院；多次证明可以出院，但仍被遗弃在医院里，导致原本康复的样本，再次发病。

选择样本的过程应该在前期采访中完成，最后选择最能支持主题的样本，但并不意味着被舍弃的样本，采访内容就不可用。

如何让逻辑更有说服力

样本确定后，样本的故事如何展开，反映的问题都有哪些，什么原因导致这些问题出现，如何解决，仍然需要一个合理的逻辑链条。虽然《被拒绝回家的人》一稿不是特稿，但对于现象类调查稿件来说，逻辑链条也同样重要，逻辑链条合理，稿件内容才更容易让读者接受。

我在搭建逻辑链条前，需要明确这样几个要求：

1.稿件中不应只呈现出张小令是病人的一面，或只呈现正常人的一面，只有两者都有提及，才能呈现出真实的张小令。但毕竟我们要写一个本该出院，却未能出院的人，所以在素材的取舍上更应侧重于“健康的张小令”。好在后期记者采到了很多素材，所以在选择上比较有余地。

最终落实到稿件的结构：

导语：

1.细节带入——张小令康复得很好；
2.医院对他的病症评价，并表态"基本可以出院"；
3.家属明确决绝；
4.这并非个案，在其他医院还有很多，介绍原因。

第一部分：病情在好转

1.张小令的现状
2.病情不断好转的证据
3.医生对张小令的治疗计划，可以"下园"康复
4.家属的态度
5.张小令长期患有精神分裂症，患病的原因

第二部分：命案的阴影

1.张小令曾经杀死女友
2.患病的表现
3.服刑期间对于家人是一种解脱
4.出狱后家人曾经接纳，但再次发病，家人绝望

第三部分：康复与躲避

1.最希望张小令回家的母亲，也拒绝了张小令
2.张小令接受治疗前后的病症区别，好转迹象
3.医院对张小令的评估——基本可以出院

第四部分：回家的本能

1.用于佳的案例做支撑
2."回家"不是患者病发时的表现，而是一种本能

第五部分：家属两难

1.从个案到群体
2.这个群体的真实状态——还是病人，但已经具备基本的社会能力
3.这一群体被遗弃造成的影响——医疗资源浪费
4.造成这一问题的原因

第六部分：孱弱的社区康复

1.解决这一问题的方法
2.困境求解
3.业内的建议

2.家属遗弃的原因是两方面的，既有对病人出院后复发的担忧，对未知隐患的担心，也有监护能力不足，不具备照顾病人康复条件的原因。记者稿件对张小令妹妹的采访很充分，支撑原因的素材很多；遗憾的是只接触到了一名愿意接受采访的家属，如果时间充足，是可以再多接触一两个家属的。

3.稿件不是要写张小令，而是"张小令们"，张小令只是这个群体中的代表。就这篇稿件而言，张小令也不是唯一的主角，他是"被遗弃的精神病人"，反过来"遗弃他的人"也是故事的主角。

明确这些后，对稿件的逻辑关系进行梳理：

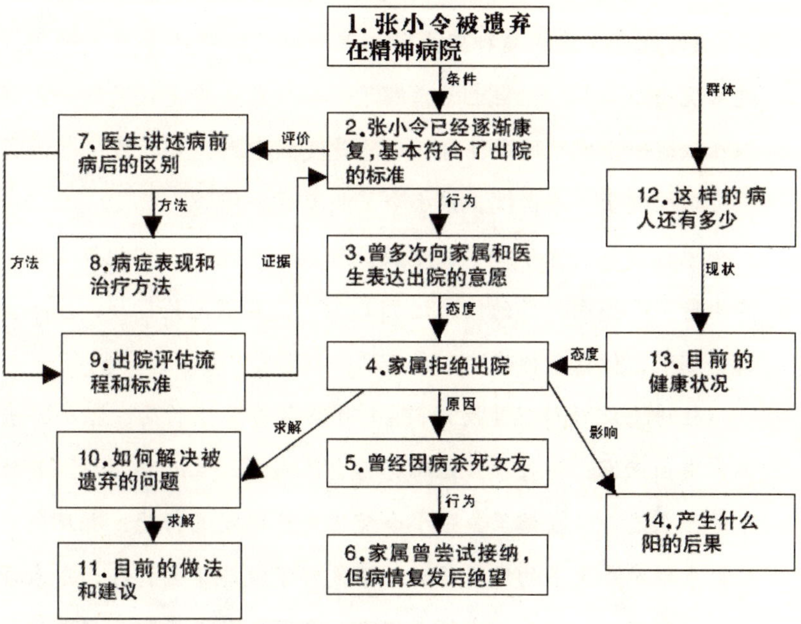

同类素材如何穿插

将稿件的骨架梳理好之后，填充内容的过程相对要容易些，但在这一过程中应该注意两个问题。一个是相同消息源和同一事实的穿插，在一篇数千字的调查稿件中，同一信源集中出现，讲述同一个事实和观点，对于采访所得是种浪费；另一个是针对同一事实的表述连

续出现，也会导致文字罗嗦，而其他地方也缺少事实的后果。

初改稿中，有一个小标题下的全文是这样的：

张小令坐在椅子上，盯着手指，一根根地数。

“1月10号转到这里，2月10号、3月10号、4月10号、5月10号、6月10号，这就是5个多月，再加上之前在那家医院住了7个月，到现在已经1年多了。”

他49岁了，头发已经花白，说话的语气却像一个五六岁的孩子在向大人撒娇。

“医生说，所有病人里，我是恢复最好的一个。”

6月26日，海淀精神卫生防治院一病区，张小令反复强调，住进医院一个多月后，自己就清醒了——他总是重复说着同一句话，但在叙述一个完整的事件时，又总是突然中断，开始另一个话题。

回忆起上一家医院，张小令眉头蹙成一团。

他说，每天除了睡觉、吃饭，什么都不能干，“就是坐着，一直坐着。”通向外界的门永远锁着，“在监狱无论10年、20年，总有个期限，但在精神病院，看不到一点希望。”

住进海淀精神卫生防治院6个月，当着医生的面，张小令虽然不常提出回家，但每个月他都会将自己写好的“心路历程”和信件拿给医生看。“在信里，张小令反省自己以前的行为，并反复说想好好表现参加更多的康复活动。康复好了就能下园，在园中表现好就能回家了。”一病区主任李阳说，“下园”是医院为康复较好的患者提供的院外的“社区居住康复站”，下园后病人可以自己去超市买电，打车去图书馆借书，还能用手机。很早之前，院方就在为张小令安排入园康复。

妹妹张小婷坦言，对下园的安排她已知情，并且同意。

“只要他不回家就行。”

这段稿件就是对同一事实的集中表述，整个章节都在讲张小令要回家的意愿，这样的集中表述，首先把稿件同类素材都用光了，想在稿件其他处再用，已经没有“米”了，另外，统一表述反复出现，却缺少医院对这种意愿的支持，读者看后会产生疑问——他到底能出院么？

最终，见报稿件里只有“病情在好转”这一段落内容中，保留了少量张小令对出院意愿的表达，其中穿插进了医院对他病情好转的评价：

> 张小令坐在椅子上，盯着手指，一根根地数。
>
> “1月10日转到这里，2月10日、3月10日、4月10日、5月10日、6月10日，这就是5个多月，再加上之前在那家医院住了7个月，到现在已经1年多了。”
>
> 他49岁，头发花白，说话语气像五六岁的孩子在向大人撒娇。这被专家认为是种病症，“做作，不中肯”。
>
> 张小令的病情在好转。
>
> 刚入院时，他住在紧挨护士站左边的病房，那是安排给刚住进来或病症最重的人，病房外有医护人员专岗，便于观察病情，右手边的病房次之。现在，他已在距离护士站倒数第二远的病房住了2个多月。医生李阳说：“病情越稳定，离护士站越远。”
>
> 住院6个月来，每个月张小令都会写信给医生。在信里，他说，想好好表现参加更多的康复活动。康复好了就能下园，在园中表现好就能回家。
>
> “下园”是医院为康复较好的患者提供的院外“社区居住康复站”。很早之前，院方就在为张小令安排“下园”康复。
>
> 对于这个安排，妹妹张小婷坦言已知情，并且同意。“只要他不回家就行。”

初改稿中，针对如何解决“被遗弃的精神病人”这一问题时，北京市精神卫生保健所副所长郭红利有一段长篇大论，这种集中出现的观点，不仅文字冗长，更因为缺少案例，举措，行动，更属于空洞的无效信息：

郭红利介绍，目前北京市实行三级防治网，市级精神卫生保健所，区县级精神卫生保健机构和社区卫生服务中心。在社区卫生服务中心这一级中，精防医生通过对回到社区的患者进行定期访视，指导病人吃药、复查，进行家庭康复治疗，组织社区健康教育活动等，可以降低患者的复发率，从而降低患者回家后的负担和风险，但目前由于精防资源的紧缺，很多情况下，社区管不过来。

郭红利认为，政府应加大对社区精神卫生管理方面的投入，多建立康复站及康复机构，例如中途宿舍，康复护理院等，在这些康复机构里组织病人活动，训练他们的社会功能。"从各国的数据来看，经过社区康复训练的患者复发率、住院率、肇事肇祸率明显降低，治疗的依从性明显提高，这就能为家庭减轻很多负担，也为住院患者寻找到了出口。"

在见报稿件最后的"孱弱的社区康复"内容里，郭红利的观点被删减，并增加了相应的行动作为这种观点的支撑：

为此，2010年起，医院开始动员家属，希望他们同意患者入园，"为改变家属的观念，我们一个一个动员，带他们去园里参观，或劝他们让患者去园里体验。"王诚说，现在运营的康复园容纳的40多名患者，每一个都是经过反复动员才同意的，更多的患者家属仍未同意。

北京市精神卫生保健所副所长郭红利说，全市社区卫生服务中心里的精防科，承担精神疾病患者回到社区后的康复和医疗，医生通过定期访视，指导病人吃药、复查，降低患者的复发率，但由于精防资源的紧缺，很多情况下，社区管不过来。"政府应加大对社区精神卫生管理的投入，多建康复站及康复机构。"

文字应该体现立场

短消息写多了，不免养成一种习惯，为了体现客观，降低稿件的风险，总会不厌其烦地交代消息源，“你说”“她称”“某某表示”“谁谁介绍”充斥在稿件里，一篇稿件，几乎大部分段落的开头都是这样的，这在影响了阅读节奏的同时，也体现出我们对掌握的事实不够自信，总希望借别人的口来表述，达到“这个事实是谁谁讲的”“出了错误信源担责”的目的。

但换个角度想，我们报道新闻，首先要做的就是不断地质疑和求证，一旦证实某个事实是真实的，我们是否可以直接表达立场，对事实的真伪进行判定？

当然，隐去消息源的确存在风险，所以舍掉消息源的前提应该是我们掌握了足够的证据，能够证明这段表述是事实，或者这段事实是常识，是众所周知，约定俗成的习惯和认知。这就需要记者在采访环节做足工作。但切记不能“想象”“推断”。

以此稿见报的第四小标题最后一段为例：

> 李阳说，即使对于病情很重的病人，“我想回家”这类的想法很多时候也是发自内心的，他们说这些话是出于本意，并不是在症状支配下做出的举动。

“李阳说”，表明随后的表述都是海淀精神卫生防治院一病区主任李阳的观点，我们不一定认可。但对于“我想回家”这样的意愿，难道不应该是精神病患者的本意么？难道只有在发病的前提下，才能做出这种“荒唐”的举动么？何况很多病人已经通过评估，符合出院的标准，他们要回家还是病症么？

> 即使对于病情很重的病人，“我想回家”这类的想法很多时候也是发自内心的，他们说这些话是出于本意，并不是在症状支配下做出的举动。

如果去掉消息源，像上面这样表述，直接体现了我们的立场，意味着我们通过采访得出结论，即使病症很重，“我想回家”这样的意愿也的确是发自很多病人内心，而不是一种病态的表现，也未尝不可。

再以见报稿件中“家属两难”标题下的第四段为例：

> 王诚说，在海淀精神卫生防治院，这类患者与正常人相比，虽然在社会适应能力、语言表达能力、情感交流和生活、工作能力上仍有不同，但均是病情稳定，有正常思维、可以在院外生活的人。医务人员仍像照顾其他患者一样照顾他们，除了日常服药，还会带他们参与康复活动，培养他们的生活能力，减少残疾程度。

这段表述是在介绍被遗弃的病人，他们的状态，和正常人的区别。通过采访，我们完全有条件，观察这类病人的表现，对他们的病症会有直观认识，通过这种认知，我们也可以直接对病人的现状做表述，而不需要借用院长来讲，即使舍掉消息源，也不会导致失实：

> 在海淀精神卫生防治院，这类患者与正常人相比，虽然在社会适应能力、语言表达能力、情感交流和生活、工作能力上仍有不同，但均是病情稳定，有正常思维、可以在院外生活的人。医务人员仍像照顾其他患者一样照顾他们，除了日常服药，还会带他们参与康复活动，培养他们的生活能力，减少残疾程度。

记得南方周末官方微博曾经晒过文字如何表达立场的帖子，对于记者认定的事实，完全可以舍掉消息源，而以记者的视角来做判断。这样不仅可以让阅读节奏更好，也能更好地给读者提供观点，让读者在阅读长文时，不必带着困惑阅读。

如何让小标题引导读者

对于一篇几千字稿件的长文，小标题需要起到引导读者阅读的作用，如果读者没有耐心逐字逐句地看，起码可以通过小标题的内容，知道稿件里每一章节在讲什么。这就需要在起小标题时，体现逻辑性。

目前见报稿件的小标题，在这方面做得很不好，“病情在好转”，是在说张小令，第二个小标“命案的阴影”，又在说张小令的家属，第三小标“康复与躲避”是在体现两者的关系，到了第四个小标题“回家的本能”，讲的又是另外的案例。

这种主语不统一的小标题，容易让读者产生混乱，不知道章节与章节间是什么关系。其实，小标题的指向不仅可以是主语，也可以是稿件的主题，针对主题要讲的案例，原因，影响来制作，比如第一期“笼中人”，“威胁　杀人事件”是在解释原因，为什么他们被关在笼子里，“经济　贫穷与锁链”也是在解释相同的原因，“环境　恐惧的村民”也是一样。

小标题可以没有主语，但需要有逻辑性，“笼中人”一稿的小标题恰恰就是这么做的。针对我这篇稿子，其实也可以像“笼中人”一稿一样，在小标题上做关键词，或者在小标题下方提炼摘要，这样更容易搭建标题的逻辑，并方便读者更快地了解章节梗概。

（作者系新京报时事编辑部编辑）

史事钩沉

ARCHIVE

史事钩沉

我所知道的范长江之死

章道义

编者按

本文作者章道义，现为中国科普作家协会名誉理事长，文革前为中国科协科普事业部宣传出版负责人，“五七干校”时为校生产组成员。

身为这段历史的见证者之一，针对近来关于范长江的一些新闻报道，作者在文中首次披露了他所亲历的范长江在“五七干校”最后岁月的一些历史片段，并对造成“范长江之死”的原因进行了剖析，相信广大读者可以通过本文的诸多细节，对这段历史的真相，有一个更加全面的认识。

范长江，生于1909年，是20世纪30年代《大公报》的知名记者，中国青年新闻记者协会（中国新闻记者协会前身）的主要创办人，新中国成立前后，曾先后担任上海解放日报社社长和人民日报社社长，我国新闻界的最高奖“范长江新闻奖”就是以他的名字命名的。他在二十多年的新闻生涯中，留下了一系列闪光的足迹。

然而前不久，围绕着这位中国新闻界的传奇人物，一位刘姓记者写了一篇严重违反事实的文章——《范长江的最后日子》（原载于《内江文史》第26辑，以下简称“刘文”），并有一些不明真相的写家在报刊上、书籍中和网上反复引用。这既是对历史的亵渎，也是对死者的不敬。我们这些已经进入耄耋之年的中国科协老同事，曾同长江同志一起经历了“文革”风暴和干校生活的目击者，有责任把事实真相如实地告知世人和后人，以免继续以讹传讹，并从中汲取教训。

祸起“黑诗”

“文革”刚刚开始，一张大字报，就使范长江处于孤立无援的状态。也许是所谓的“黑诗”一下子把人们打闷了，在“誓死保卫毛主席”的社会氛围下，没有人敢于质疑、推敲这是不是真的是反对毛主席的“黑诗”。因此，当这张所谓“黑诗”：“蠢人蠢事蠢主张，自毁长城觉安康……成败得失先例在，倒行逆施必遭殃”的大字报一写出，就有邀功者拿着它去国家科委请功，说这是范长江为彭德怀鸣冤叫屈，是反对毛主席的黑诗，请示科委领导如何处置。据说，接待他们的这位领导人，在听取了他们的陈述之后，似乎与什么人通了一次电话后表示：“贴出去。”对科委领导的这个表态，科协的不同人士有不同的理解：有的人认为，运动正处于放手发动群众阶段，科委领导不便干预群众对领导人的任何揭发批判，只能说“贴出去”，但这并不等于科委领导就同意这张大字报的观点；有的人认为，这是科委领导被当时的“三家村”事件吓坏了，怕被扣上“包庇”范长江的帽子，不能不作这样的表态；还有的人认为，这意味着科委领导支持这张大字报的观点，也认为这就是“黑诗”，并立即采取行动。在议论纷纷的一片混乱中，当时主持科协日常工作的常务书记王顺桐，想出面讲讲话以稳定科协的局面，就有人冲上去抢话筒，不让他讲话。于是一夜之间，科协书记处的领导班子就瘫痪了。

很快，科委派出了一个十多个人的联络组进驻科协，该联络组以一位新调来不久的科委副主任为组长，一位局级干部为副组长，最终通过一人一票的选举方式，由科协的全体人员推选出了一个文革领导小组，领导科协的“文化大革命”。范长江也就从此处于被审查被揪斗的境地。

在范长江看来，这等于是运动一开始，他就被当时主持科委日常工作的领导人，借着这首“黑诗”给抛出来了。他当然不服，一再为自己申辩，说这首诗是反修的，“蠢人蠢事蠢主张”指的赫鲁晓夫的所作所为，“自毁长城”指的是破坏中苏同盟，并拿出很多材料，包括从1953年开始直到“文革”从未间断过的13年的日记，来证明他在思想上、行动上从未反党反社会主义，更未反对过毛主席，怎么会写“黑诗”呢？甚至打出毛主席在抗日战争期间写给他的感谢信和周总理是他的入党介绍人这两张王牌，为自己作证。在当时人们普遍“宁左勿右”的社会氛围下，这些都没有用。而他写给上面的申诉信，也一直没有回音。

众所周知，“文化大革命”是一场极其复杂的党内外交叉的政治斗争，除伟大领袖外，人人都可以是被怀疑、炮轰的对象，在一片混战的时候，有谁能出来为你作证、说话呢！于是审查、批斗乃至抄家、关押照常进行。但是，很快整个科委系统的斗争矛头就转向国家科委的领导班子，审查、批斗范长江的联络组也就变成了保科委主要领导的联络组，斗不斗范长江，倒显得不那么重要了。直至造反派一月夺权，联络组撤出科协，科协的文革领导小组垮台，审查、批斗范长江才又被提上科协造反司令部的日程。这时的范长江有一个幻想，以为“整他的人”倒台了，他就可以被平反解放，于是再一次为自己申辩，但是科委科协的造反派根本不睬他，仍然把他当作批斗对象，并给他加扣了一顶“反共老手”的帽子。于是，他又到中央文革接待站去申诉，并绝食了三天，不仅没有人理他，还招来更严厉的打击。是他的夫人去左劝右劝，才把他硬接回家的。

由于造反派分裂，两派打得不可开交，上面派来了军管小组和军宣队、工宣队搞两派大联合，但仍然把他当作主要批斗对象，并查出1958年成立中国科协的批件只有刘少奇、邓小平等的签字，没有毛主席的签字，于是就认定：“科协是刘邓黑司令部批准的，执行了一条彻头彻尾的修正主义路线！”范长江在科协所做的一切，自然也就是反党、反社会主义、反毛泽东思想了。他也就理所当然地成了“三反分子”。这样，又罪加一等。这一次次的失望加码，迫使他只能耐心地等待审查结论。这时已是1968年底。

不久，上面提出清理阶级队伍和解放干部，科协的司局级和处科级干部大部分陆陆续续解放了，有的还“结合”了。仍然处于被审查境地的只有极少数人，范长江是其中职位最高的。

不幸的是，上面派来的军管领导人当时也是很“左”的，更不用说工军宣队的年轻人了，好像不从科协抓出一个大反革命就显不出他们的忠心和能耐，在仅有一首“黑诗”和所谓的“执行了一条彻头彻尾的修正主义路线”，再也没有其他过硬罪证的情况下，仍然把他当作从严对待的阶级敌人。

最后的岁月

1969年春，“三科”（科委、科协、科学院）合并，开始选点办“五七干校”。起初，想选一个大些的农场，后来由于下放的人员太多，单位之间也有矛盾，就先后选了河南罗山、湖南草市（衡东）、湖北潜江和河南确山四所干校。科委机关被定在湖南草市，科学院及所属各所被定在湖北潜江，科协和计量院最后被定在河南确山。由于科协是所谓连锅端的单位（即按撤销单位对待），除极少数老弱病残者外，包括还未解放的干部，在1969年9月统统下放干校劳动。但开始没有范长江，审查他的专案组也留在北京。后来，由于上面要求被审查的高级干部统统疏散出北京。范长江也被送到了干校，但专案组仍然留在北京，就派了一名成员送他。那时已是1969年10月底或11月初。刚好那时，我作为科协“五七干校”先遣队主管生产的领导成员，在辗转了罗山、草市和确山三所干校，并完成了确山“五七干校”的秋种之后，允许回北京休整几天，安排一下家务。安排好了，就与几位一同回京探亲的先遣队的同志结伴返回干校。专案组看我们人多，就委托我们一路上协助照管一下范长江，以防中途出事。那时下放干部只能坐硬座车，范长江仍处于被审查的状态，也只能坐硬座车。我们同坐在一个车厢里，看他身体和精神状态都还好，一路上还说了几句话。他问了问干校的一些情况，我们如实相告，他听了还挺高兴，并给我们说了说抗战期间新四军军部曾一度设在确山竹沟的情况，看样子他对确山的那一段历史还很熟，情绪也很好。那时，火车很慢，我们早上从北京出发，傍晚才到确山。晚上我们在确山县委招待所住了一宿。第二天乘干校进城采购的“大解放”卡车返回干校。

那时，一些省部级领导干部已经开始陆续解放，我想他的历史问题也该审查得差不多了。没想到到干校后，仍然把他看作阶级敌人，分配他和几个被视为敌我矛盾的审查对象一起，每天干最脏的活，从厕所里掏粪，倒进菜园的粪坑里集中发酵。距离虽然不是很远，但每天要来回担若干趟。这对于一个多年没有参加体力劳动的60来岁的领导干部、我国新闻界的前辈来说，是很折磨人的，也是对他的一种敌视和羞辱。

但从来没有让他干过基建（盖宿舍），也没有人打他骂他，更没有“在两米多高的建筑架上，范长江由于动作稍慢了一点，被监管人员一脚踹到地上”的事，要是那样的话，不死也得骨折。也没有听说，他“一次挑大粪时，腰还没有伸直，两桶大粪就泼了一身，屎尿味熏得他差点闭过气去。但监管人员仍然让他继续挑大粪，连衣服也不让他换。就这样，范长江带者满身屎尿，一直干到歇工”。这都是无中生有的事。那时，人们已不像1966、1967年那么狂热，一些人内心是同情他的，一些人是等着看的，一次全校性的批斗大会也没有开过，一切都等专案组查清他的历史问题再说。更没有不让他吃饱饭或不给他吃肉之类的事，这些描述都是完全不符合事实的捏造。

此外，刘记者的文章，还有许多描述与当时的实际情况完全不符，可谓比比皆是。

第一，是时间上的错误。前文已经提到，长江去干校的时间是1969年10—11月间，不是1969年3月，更不是第一批。

第二，是对当地一些细节的描述上。譬如刘文说干校最南面有一排车库，因年久失修倒塌了，其实干校根本就没有车库，三台解放牌大卡车就停在院子里。另外，干校也没有食堂，只盖了一个做饭的伙房，我们吃饭都是打到宿舍吃或就在院子里吃。更没有像有些文章所说的还有什么可兼作礼堂的食堂。

第三，捏造事实。譬如干校是大锅饭，人人饭菜都一样。我们的粮油都按北京标准定量供应，加上自己种菜，种花生，养猪，种西瓜，也种小麦、玉米、水稻等大田作物，从来没有吃不饱的情况。到了第二年夏秋，自己生产的农副产品已很充裕，伙食相当不错。因此，一些当地老乡常用羡慕的口吻形容“五七”战士是“穿的破，吃的好，一人一块大手表”。范长江也和大家一样，打的同样的饭菜，顿顿都能吃得饱。从来没有让他饿肚子的事情。因此，刘文所写的“五七干校的饭菜经常不够吃，如果剩下的有了就给范长江一点差的饭菜吃，没有了就只好让他饿肚子。”情况纯属捏造。

另外，范长江是当时科协的头号审查对象，自始至终，都在一连的菜班劳动，并把他单独安排在一连男同志集体宿舍（当时是大通铺）东头的一小间隔断里居住，有一名“五七”战士与他同住，以防意外。但是白天没有人跟着他，也没有人暗中监视他，因为他的一举一动都在广大群众的视野之中，更没有监管人员监督他排队买饭。刘文所说的“有时范长江就是排队排在前面了，也会被监管人员拉到最后面，同时还少不了挨骂、挨巴掌、拳头”纯属捏造。

第四，对范长江的形体描绘也完全不对。范长江个子不高，身材壮实，肩宽，微胖，皮肤偏白，冬天穿一身已退了色的黄绿色的棉衣棉裤（可能是下农村“四清”时穿的旧军装），挑起粪桶走得稳稳当当，经过一个时期的劳动锻炼，身体也比在北京时显得壮了点。刘文说他“穿一身中山服，偏黑，稍瘦”，不知是他自己想象的，还是所谓采访对象根本就不知道范长江长的是什么样。

第五，范长江在干校接受审查期间，劳动态度相当好，从来没有因不好好劳动，挨过监管人员的批评、打骂；相反，到了后来，群众对他天天挑粪的劳动看在眼里，记在心里，甚至有人在批评个别审查对象劳动差时，说你要学习范长江，看看人家是怎样劳动的。据齐仲同志回忆，他就听到过一次有人这样批评另一个审查对象，范长江就在不远处，他也听到了。“文革”前，长江联系群众少，有些架子，现在已得到了一些群众的谅解。

此外，刘文说，“每天晚上，五七干校都要组织政治学习和‘斗私批修’，范长江也就成了活的教材。范长江站在那里，其他人围坐在四周。要求每个人，都要发言，发表对‘反革命’的仇恨、对‘最高指示’的忠诚。每个人在发言的时候，都少不了对范长江吐以吐液或拳打脚踢。”这完全是他胡编的，根本没有的事。因为当时干校的生产劳动任务很重，大家白天干了一天活，很累很脏，晚上还要洗洗擦擦，一般不开会。如果是搞政治运动，如“一打三反”等，那就停工，白天搞或雨天搞。应该说，科协的干部群众的素养还是比较高的，中老年人又比较多，即使在狂热的1966、1967年，也是坚持文斗的，以致在1968年工宣队进驻后，看到批判范长江时让他站着，就批评科协干部“阶级感情不深”，他们自己上去抓住范长江的两臂，让他坐“喷气式”。1969年科协员工下放干校后不久，工军宣队就都相继撤走了，人们对审查对象的态度已更加冷静，从未发生过对审查对象啐吐沫和拳打脚踢的事。

最后，刘文说他为写此文，曾带着对新闻界老前辈的崇敬之心，专程去了一趟确山，并采访了当时的卢庄大队会计，现卢庄村党支部书记倪某和原卢庄大队加工厂的老工人尚某，看起来似乎是言之凿凿，有根有据。而实际情况是，确山“五七干校”的所在地，为河南驻马店地区管辖的一所林场，经地委批准后，交给中国科学院办“五七干校”，林场的职工就全部撤走了。而瓦岗公社的卢庄，与林场还有不近的距离。平时生产生活都不在一起，互相都不了解，更甭说相识了。下放之初，干校曾应确山县委的要求，派出四个工作组到附近的四个大队，包括卢庄、常庄等，去处理一些“文革”中的问题。也就几个月时间，他们认识一些村民和队干部，但平时很少有队干部和村民到干校来。干校曾放过电影，也就几次，谈不上经常。放电影时会有不少村民来看，但看完后也就各自回家，与干校学员没有什么交流与交往。干校校部对面有一个小商店和一个肉铺，有时会有农民来买点东西，不记得有什么加工厂。如果有的话，应当留下深刻的印象。至今，我还清楚地记得，在干校的西边有一个部队的单位，是一个靶场的管理机构，当时叫158。一排窑洞式的砖瓦房，很有特色。我们曾到他们的浴池去洗过澡。158还办有一所子弟小学，干校有些子弟在那儿借读过。再往西，在河的上游路边，有一个水文站。我初到干校时，为了做生产规划，曾去该站查过水文资料。卢庄在林场西北面的山坡上，少说也有一二里地，怎么会在林场场部的旁边，建一个加工厂呢？因此，这也是子虚乌有的事。对此，齐仲同志还专门问过一些当时同在确山“五七干校”劳动的老同志，都一致回答：“当时，根本就没有什么加工厂！”可见，这也是作者的编造，把远在卢庄的加工厂挪移到了林场场部的旁边。

再说，平时，这些单位的人员、队干部及村民和干校都没有什么往来，除了林场有位会种菜的老工人和一位会养牲口的老工人，曾留下一段时期，指导“五七”战士种菜、养牲口外，几年来没有任何当地人进入“五七干校”与我们一起生活劳动过。因此，他们不了解干校内部的人和事，更充当不了什么“直接见证人”，也不可能提供什么“大量的”有价值的“新闻素材”，就连范长江长的什么样，也说得不对。如果，这位刘记者确实去卢庄采访过两位当地人（一位村干部和一位老农）的话，很可能是根据一些传言加上想象附会的，不是事实，更不能夸大其词地去渲染，那是很不严肃也很不负责的行为。

说到这里，我们不禁要问，刘记者为什么放着原中国科协一两百位下放过确山干校，亲身见证过范长江遭遇的干部不采访，却抬出两位并不真正了解情况的当地人来提供所谓的“素材”？写出这么多完全不符合事实真相的虚假报道，这究竟是为什么？既然是“带着对新闻工作的热情和对新闻界老前辈的崇敬”就应当负起新闻工作者的责任，把事实搞搞清楚，至少也应当找几位下放过确山“五七干校”的原科协的干部核对核对事实吧！

范长江之死

那么，长江同志又是怎样被迫害致死的呢？我们认为大致是由于以下一系列因素造成的。

第一，是由于那首所谓“黑诗”的大帽子，始终压在他的头上。这在当时来说，就是“罪该万死”，而且不容解释，不容申辩。别人也不敢为他辩解，只能由他自己为自己申辩。没有上面的批示，谁也不敢给他摘下这顶帽子。

第二，是他一次又一次的上书申辩都没有回音。相反的所谓“罪行”却层层加码，由写“黑诗”，到“反共老手”，到“刘邓黑司令部的裴多菲俱乐部的当家人”，“执行了一条彻头彻尾的反革命修正主义路线”，到“称蒋介石为委员长”，“尾随红军长征，刺探红军长征路线，为蒋介石提供情报”等等，真是欲加之罪，何患无辞。

第三，在干校这一年，他十分孤独。除了专案组找他谈话外，没有人敢和他说话，更没有人敢向他嘘寒问暖或透露一点外面的消息。他只能从报纸上和广播里听到一点国家大事。这对一个一向消息灵通、敏感的新闻工作出身的人来说，会有多么的憋闷！

我们常常看到他，独自一个人挑着两只大粪桶，默默地在厕所与通往菜地粪池的路上一趟一趟地往返。累了，就放下扁担，坐在地上休息一会儿，吸一支廉价的纸烟。他原来工资三百多，现在只发给他三十元生活费。除了饭钱、烟钱，几乎没有什么多余的了。这种长期的孤独寂寞的生活，内心的痛苦、焦虑无处排解，无人倾诉。他当然也会惦记他的爱人、孩子，现在的处境究竟怎样？是否平安无事？可他被剥夺了通信自由，给家人写信，必须经过专案组审阅后才能发出。这样也就无法吐露心声，更不能打听什么信息。

他更没有想到，这场“文化大革命”，会搞这么长的时间，已经整整四年了，还没完没了。他青年时代的那点历史，还没有审查清楚。什么时候是个头啊！

第四，是他的多位好友，30年代的文化名人，如夏衍、徐迈进等，当时也都还没有解放，在每年五一、十一见报的大名单中，看不到他们的名字，是否会使他感到他们这一代文化人已经被抛弃了，从而失去了获得平反昭雪的信心？

第五，他虽然是位三十年代后期就入党的老同志，但他在“文革”前似乎没有挨过整，没有经历过那种我国自古以来就有的官场斗争：在某种情况下，可以以莫须有的罪名把你批斗一番，降职降级，甚至收监判刑；在某种情况下，又可为你平反昭雪，让你官复原职的反复无常的官场争斗。书生气太过，沉不住气。据我所知，有些老干部在文革中受到的打击迫害比他要厉害得多，一家人的处境也悲惨得多，都挺过来了。从这一点，也可看出他终究还是一个书生、文化人。

第六，造成他走上不归路的直接原因，是那些天专案组对他的追问、逼供越来越紧，并准备要开他的批斗大会。他来到干校以后，专案组又用了近一年时间，沿着他报道红军的路线，通过查阅敌伪档案、旧报纸和提审劳改犯及审查对象等所获得的一些“证言证词”，作为“罪证”，对他进行面对面地声色俱厉地追问、逼供，并抛出一个所谓的历史反革命的罪证，用“文革”中清理阶级队伍的标准，来定性他在上世纪二十年代中央政治大学当学生时的一段历史，说他是“反动党团骨干分子，是历史反革命”，使他在长期看不到，也听不到中央文件的情况下，懵懵懂懂地想不明白了。这等于是对他的一辈子的革命生涯的全盘否定，他怎么能够接受呢？

说起清理阶级队伍，这是“文革”中造成大量冤假错案的一次“极左”行动，并在全国制造了众多非正常死亡。但即便是这样一个“极左”的临时法规，对反动党团骨干分子的政策界定也是有时限的，是指在1946年国民党发动全面内战以后担任上述职务的。范长江同志在20世纪20年代，在南京上大学时的确参加过国民党，并担任过区分部委员，但那是在大革命时期或土地革命时期。后来，范长江思想逐渐倾向进步，早就脱离国民党。一位二十多岁的《大公报》记者，在中国最早报道红军长征，报道西安事变，采访周恩来，采访毛泽东，在延安的窑洞里与毛主席彻夜长谈，到在党的领导下组织青年记者团体，这样一个有影响的名记者被周恩来同志亲自秘密发展入党，并得到了延安党中央的批准，在重庆由周恩来亲自领导，在桂林由李克农单线领导；以后又由李克农同志，掩护他从白区转移到香港；之后他又一度在周恩来身边工作，在我们党与国民党反动派决战时期，他一直跟随党中央、毛主席转战陕北，忠心耿耿。他学生时代的那段历史，又算得了什么？应当说，他的历史，党的高层领导是清楚的，否则如何能给以这么高度的信任呢？现在，硬是要给他扣上一顶“历史反革命，破坏长征”的帽子，他怎么能想得通呢！他没能深思，这种运动中扣上的帽子，乃至结论，并不是永恒不变的，即便今天被认定如何如何，将来形势或政策一变，案子也可再翻过来的。长期与家人、与亲友、与社会、与党组织的隔绝，及一次又一次的失望，使他深深地感到，他已申诉无门，真是叫天天不应，叫地地不灵！那就只好以死来抗争，还我以清白！一时的想不开，悲剧就发生了。

在他去世前的那天中午，他从厕所挑粪出来，和我正好走了一个对面，我看他脸色非常不好，铁青铁青的，十分疲惫、心事重重的样子，眼也不抬地往前迈，心想他是不是病啦？真想停下来问问他。但那时不能，因为那些天，专案组正在审问他，以免某些“极左”人士见了，说他又在和什么人有什么接触，使事情更加复杂化。没想到，那天夜里就出事了。

他死后，老红军出身的工人许瑞红把他的遗体从井里捞上来，报请确山公安部门验尸后，装入木工班给他打的一口薄薄的棺材中，埋在干校西边一条小山沟的山坡上。由于这是一件震惊中国科学院的大事，有关领导为了减轻自己的责任，还召开了两次声讨大会，以证明他是如何地“死不悔改”。

综上所述，我觉得他的死，更多的是由于长时期精神上的压抑、折磨和最后的“摊牌”（压垮他的最后一根稻草）。这种压抑和折磨对于一位高级知识分子、社会名人的伤害，比之粗暴地打他两拳、踹他三脚，更难于忍受。据我所知，原北京大学副校长、著名历史学家翦伯赞老先生，这位20世纪60年代初才公开中共党员身份，实际是1937年就秘密入党的老党员，在“文革”中曾一度被逮捕关押，后来据说因毛主席发了话，被释放回家，以为从此可平安无事。又谁知，没几天就来了两位蛮横粗暴的外调人员，一番恶声恶语的威胁逼供，气得这位老先生，当晚夫妇就双双自杀了。这大概就是我国知识分子几千年来所崇尚的士可杀而不可辱的气节吧！长江同志也当属这种类型。加上文革的复杂性、长期性、多变性，折磨得他看不到希望，看不到还会有雨过天晴的时候，以为党的干部政策和知识分子政策变了，许多在过去不认为是问题的问题，现在被认为是问题了；领导人对他的态度也变了，他的所谓的问题已经审查4年了，一次又一次的申诉，都没有回音，这中间究竟有什么变化和阻拦呢？连许多功勋卓著的开国元勋都批的批、斗的斗、关的关，又有谁会再珍惜他们这些文化人呢？他多年的老友，不是被批斗，就是被关押，一个个杳无音信；世道也变了，人人为了自保，变得非常冷漠，许多他熟悉的干部都不敢和他接近；而专案组中的一些人，在当时的大环境下，在军管会的领导下，硬是要揪着他不放，又罗织了他的一些“历史罪证”，逼他认罪等等，使他觉得他的冤情、他的历史再也说不清了，在一个人长期处于孤独、闭塞的状态下，怎么也想不开了，从而走上了不归路。

对于他的死，也有人认为，和“文革”中许多知识分子的自杀一样，是对当时上面的一系列错误领导的抗议和决裂，是对他日夜期盼的能够为他上话的领导人的始终没有回音的彻底绝望！

可惜呀可惜！在他去世后不到一个月，中央就通知所有被审查的部以上干部回京检查身体，长江没能等到这一天，令人无比惋惜。

但是，冤情终会大白于天下的。两年之后的1972年10月16日，经过他夫人、孩子的不断上书，终于得到了毛泽东主席的亲自批示，为他平了反，子女的家庭出身按革命干部对待。但骨灰存放何处，仍有阻力。一直放在老山骨灰堂寄存。这样一直放了三年，到1975年小平同志主政期间才得以安放到八宝山革命公墓。又过了三年，到1978年12月27日，经中央批准，由时任中共中央秘书长的胡耀邦同志主持，在八宝山革命公墓为范长江同志举行了隆重的追悼大会，对这样一位曾为中国革命事业和建设事业做出过杰出贡献的新闻界的精英，科技界的真诚朋友、原国家科委和中国科协的第一届老领导，平反昭雪，恢复名誉，使死者在九泉之下终于得以安息。

1990年，中国记协为了学习和纪念这位前辈，设立了“范长江新闻奖”，并于1991年开始评奖活动，至今已进行了多次评选，有多位优秀中青年新闻工作者获奖。这个被埋没多年的曾响亮一个时代的名字：范长江，再一次发出熠熠的光辉。

现在，听说河南省有关方面要为他在确山建立一所纪念室，这当然是一件很有意义的事。为了使这个纪念室所展示的内容更加真实可靠，解说更加准确无误，特将我们亲历的范长江的这段往事一一记述，并真诚地希望纪念室能按照历史的真实，实事求是地把这一段往事和经验教训表述清楚，这既是对长江同志的纪念，也是对后人的警示，绝不能凭想象去杜撰，或用一些道听途说的附会之词去渲染，必须还历史以真实，以诫告世人与后人，像“文化大革命”这样的动乱和悲剧再也不能重演了，要牢记这个曾祸害中国人民长达十年之久的血的教训！

（作者系中国科普作家协会名誉理事长）

对话传媒人

DIALOGUE

对话传媒人

里沙德·托巴克瓦拉：在未来，新闻素材要一块块切割

储信艳

里沙德·托巴克瓦拉

美国老牌杂志Newsweek停止纸质版，同样老牌的《时代》周刊正在寻求卖掉杂志，从一出生就没有纸质版的《赫芬顿邮报》已经赢得了主流媒体般的影响力……面对网络媒体的冲击，传统媒体将走向何方？新京报记者储信艳专访了阳狮集团公司首席战略与创新官里沙德·托巴克瓦拉（Rishad Tobaccowala）。他从事媒体广告行业31年，曾经被评为“推特”上最值得关注的25大媒体和营销人士之一。

“20年后看报纸令人惊讶”

储信艳：你说5年之后，中国和印度传媒业，同样会面临美国传媒业的问题。具体是什么意思？

托巴克瓦拉：在2006年、2007年的时候，美国纸质媒体非常健康。从此之后，开始了衰落。这有两个原因，一是在这5年中，不断涌现的新技术令人们越来越远离纸质媒体，比如智能手机、平板电脑等。第二个原因是，如果经济基本面好的话，即使纸质媒体有些衰落，但是仍然能够运行得很好，但是2008年经济危机的到来，事情就完全变了。

现在的中国或者印度，大方向上仍然在上升，同时数字技术和新闻发展也很快。一旦这两个国家的经济增长速度减缓，媒体就会面临同样的问题。在5年之后，想想你们的年轻人，他们想看新闻，但是会在网上看。

储信艳：你的意思是说，将来不会有纸质的媒体了？

托巴克瓦拉：现在，人们所知道的80%—90%的新闻都是通过报纸或者杂志，我想在5年之后，大概这个数字要降到50%。

储信艳：20年之后，50年之后呢？

托巴克瓦拉：很难预测，20年后会怎么样。但是我觉得，如果那时候还看报纸，真是令人惊讶。那时候还会有报纸，是电子形式，而不是纸质形式了。

储信艳：我们也经常讨论，有一些人，也许是年轻人，他们就喜欢纸质的感觉。所以，也许报纸和杂志在多年之后也能生存。

托巴克瓦拉：我不同意这种看法。我就曾经是这样的人，我喜欢读报，我喜欢纸张，我不会在电脑上看报纸。但是，当iPad出现之后，我的习惯改变了。在iPad上面，我的手一划，新闻就出来了，而且时时更新，我还可以和别人分享文章。

总会有一小部分人坚守报纸，但是会越来越少，以至于在经济上将变得没有意义。

“靠广告和发行赚钱模式将衰落”

储信艳：很多美国媒体已经在网站上设置了收费阅读，但是中国媒体收费的还不多。

托巴克瓦拉：（指着一份报纸）如果将来它停止赚钱了，怎么办？这就是《纽约时报》或者其他媒体开始意识到的问题。以往的报纸靠广告和发行挣钱，但是现在这种模式行将衰落，在未来的3年可能会衰落很多，比如20%—30%。那时候怎么办呢？你可以让新闻部分免费，但是要想办法在其他的方面挣钱。

储信艳：但是在中国，人们习惯去大型门户网站上看新闻，而不去各家媒体自己的网站。这就为中国媒体数字新闻收费，制造了困难。

托巴克瓦拉：这种情况下，我建议，要做出点特殊的东西来。只跟着别人走，是没有希望的。要想出新的方法，保住自己的饭碗，做领导者。

储信艳：那么中国媒体如何和新浪这样的大门户网站合作呢？或者说，《纽约时报》如何和Google合作呢？我们在Google上也能看到《纽约时报》的文章。

托巴克瓦拉：《纽约时报》新闻与Google整合在一起，但是只有前6行，而不是整个文章。他们不会把所有的文章给Google，否则谁还去《纽约时报》？

“报纸需要深入分析文章”

储信艳：照你所说，广告和发行的盈利模式将要衰落。你曾提到，要引入新的评判体系。是什么呢？

托巴克瓦拉：旧的评判体系是根据报纸的发行量来判断，你不知道谁看了这份报纸，看了什么，也不知道读者花多少时间看，最喜欢看哪条新闻，唯一知道的就是卖出去一份报纸。

用电子的方式，可以看到，5万人看了这篇文章，6万人看了那篇。《纽约时报》正在做一件很有意思的事情。

（托巴克瓦拉拿出自己的iPad，点开《纽约时报》的APP，给记者指出，第一页是该报编辑选择的新闻，第二页是根据读者点击量和分享量排行的新闻。记者发现，两页的新闻题材几乎截然不同。）

第二页的内容，也变成了一种新的评判标准，而不是原先的发行量。

储信艳：但是，如果全都让读者自己选择，是否也会造成一些重要新闻被湮没呢？

托巴克瓦拉：在第一页上面，都是报社编辑选择的新闻，按照重要性排序。这给了读者两种阅读选择。读者喜欢的新闻排行中，也有很多重要新闻，但是普通人关心与自身生活有关的新闻，比如健康、交通、食品等。

储信艳：人们一直说记者是“无冕之王”，也许在将来，就再也不是了。

托巴克瓦拉：是的，不过媒体还是很强大。首先，媒体掌握发布的平台。我可以是“国王”，但是我只能通过我的博客发声，你可以直接面向万千读者。其次，相对于普通人来说，媒体人在大众传播上仍然更有技巧。第三，媒体的发声更可信。

储信艳：你在演讲中说，移动手机上需要短小的新闻，而报纸新闻需要其他形式。什么形式呢？

托巴克瓦拉：我认为，现在的报纸需要更为深入的分析文章。现在，只有两种形态适合人们阅读深入的长文章，印刷媒体或者平板电脑。在电脑或者手机上看长文章，都不方便。相比于纸质媒体，在平板电脑上，人们可以收藏和分享文章。纸媒也可以收藏，但是报纸会变黄。

储信艳：很多人评论，历史悠久的《新闻周刊》（*Newsweek*）取消了纸质版，标志着杂志的衰落。是这样吗？

托巴克瓦拉：我觉得，这代表了周刊杂志的衰落，它们不仅需要与报纸竞争，还要和网络资源竞争。现在仍有一些杂志做得很不错，比如*Vogue*、*Cosmopolitan*等杂志，每月一期，内容不上网。即使如此，部分内容也转移到了平板电脑上，因为这是读者的需求。为什么*Newsweek*取消纸质版，*Time*正在寻求出售杂志，因为如果看一下新闻杂志，大部分并没有精华。现在唯一做得好的类似杂志是《经济学人》，它提供了观点，而不是新闻。

“我们要做的，是将新闻切割”

储信艳：如果将来没有纸质的报纸或者杂志了，像我们这样普通的报社采编人员，干什么工作呢？

托巴克瓦拉：你还会像现在这样工作，因为这种工作仍然有意义。你调查事件、做采访、写稿子、编辑稿子，然后将它发表出去。这些都很重要，区别在于你在“屏幕”上发表新闻，而不是在纸质媒介上发表。

储信艳：在具体的工作模式上，有改变吗？

托巴克瓦拉：会有变化，我们需要改变思想。我做一整个采访，编辑之后发表在报纸上；我也可以让一些制作人，将我的讲话制作成一个个视频，放在网络上；我也可以把一些充满争议的话放在移动手机新闻上，比如“十年之后不会有报纸”之类的。我们要做的就是将新闻内容切割，这块放这里，那块放那里。

储信艳：已经有人这么做了吗？

托巴克瓦拉：我给你举一个例子，在美国有一个很有名的小提琴家。有一次，小提琴家说可以接受采访，所有媒体都想采访他。于是，这个小提琴家经历了一天“媒体日”，会见不同的记者。有一个华盛顿的记者，和这个小提琴家说，不想呆在屋子里采访，询问他能否带着小提琴出去走走？小提琴家同意了，他们去了地铁。记者又问他是否可以在地铁里表演一段，小提琴家同意了。当这个小提琴家开始在地铁里演奏时，记者把录音器打开，然后站开一些，拍了一段视频。这也是一个很基础的采访，他拍了照片，传到手机上。他录了一段视频，传到网络上。他写了稿子，发表在报纸上，讲这是一个多么好的小提琴家，愿意在地铁里演奏。

这位记者的报道，比其他任何记者对这位小提琴家的采访报道都好。人们可以通过下载，分享提琴家的演奏，这比纸质媒体生动。他的做法，就是我们要学习的方向。

储信艳：一个人身兼数职，不是太忙了吗？

托巴克瓦拉：当然，还是会有领导来指导员工，这次你做什么，他做什么。现在的领导也在指挥，不过文字记者、摄影记者都不是一个人，是分开指挥。

“自媒体”成功率很低

储信艳：你认为哪个电子媒介形式更有力量，手机、平板电脑、笔记本，还是其他？

托巴克瓦拉：我认为移动性最为重要。现在有些公司开发的小型平板电脑，比如苹果mini平板电脑，三星Galaxy智能手机，这是最有力的传媒工具。因为这些东西很小，能够随身携带，而且功能充足，能够提供很好的媒体体验。

储信艳：我知道《赫芬顿邮报》很久了，这是一份网上的报纸，从一开始就没有纸质版，有时候新闻很快，很活跃。作为一个广告人，如果《赫芬顿邮报》和《纽约时报》摆在你面前，你会选择给哪家媒体投广告？

托巴克瓦拉：《纽约时报》。因为《纽约时报》的内容比较高端，因此我的广告也会显得很高端；阅读《纽约时报》的人层次更高，年龄更大，知识水平也更高。不过现在《纽约时报》通过数字化的改革，变得越来越像《赫芬顿邮报》；同时《赫芬顿邮报》也通过雇佣更好的写手，有一些就是《纽约时报》的作者，向《纽约时报》这样的媒体看齐。

储信艳：现在兴起了一股“自媒体”的潮流。这会有光明的未来吗？会对传统媒体产生冲击吗？

托巴克瓦拉：不能竞争。很多人做“自媒体”，但是成功的是极少数人。比如500人在干这个，能够成功的可能只有两三个人；比如成为成功的博客主，四处去演讲。有一个叫安德鲁·萨利文的博客主，他可以说是最棒的作者。他拒绝广告，只写内容，接受人民捐款。但是，挣钱仍然很困难。

有时候名声不一定带来金钱。比如人们在QQ上、在微博上都在讨论我，但是这买不来面包。自己干很困难，可能会有一两个人脱颖而出，但是仍然非常艰难。

自己做媒体，还会带来可信度的问题，需要大量的核查工作。而且，博客一般都是观点，而不是新闻。

“中国媒体环境会很快发生变化”

储信艳：你觉得，现在美国媒体的思想完全转变了吗？

托巴克瓦拉：是的。

储信艳：真的已经转变了吗？

托巴克瓦拉：是的，他们将眼光放长远来思考问题。《纽约时报》现在的首席执行官以前在英国广播公司电视部（BBC TV）工作。现在，报社在网络上投入的力量越来越大，三四年前分别有报纸采编部和网络采编部，现在合二为一了。以前只有报纸上登出来的新闻，才会在网络上放，现在是新闻一出来，马上就上网。

储信艳：你觉得中国媒体人的思想也开始转变了吗？

托巴克瓦拉：中国媒体人的思想会转变。很不幸，是不是转变思想，不是某人说应该转变就转变，而是不得不转变时，就转变了。中国的媒体环境会很快发生变化，记住这次对话，5年之后你再看。

储信艳：很多中国报社，对网络部的投资都很少。

托巴克瓦拉：是的。《纽约时报》就不单设网络部，而是合二为一了。采编人员既为报纸写稿，也为网站写，也为APP写，或者其他产品。《纽约时报》的三大重要变化是：第一，新闻工作室；第二，决定对网上新闻收费；第三，雇佣一个来自电视台的首席执行官主编，向全媒体转型。真的改变了。

（作者系新京报时政新闻部记者）

图书在版编目（CIP）数据

新京报传媒研究．第二卷 / 新京报传媒研究院主编．— 广州：南方日报出版社，2013.11

ISBN 978-7-5491-0977-7

Ⅰ．①新… Ⅱ．①新… Ⅲ．①传播媒介－中国－文集 Ⅳ．① G219.2-53

中国版本图书馆 CIP 数据核字 (2013) 第 262601 号

Xin-JingBao Chuanmei Yanjiu

新京报传媒研究

第二卷：灾难报道 2.0

新京报传媒研究院 主编

出版发行 南方日报出版社
地　　址 广州市广州大道中 289 号
电　　话（020）83000502
经　　销 全国新华书店
印　　刷 广州市怡升印刷有限公司
开　　本 787mm × 1092mm 1/16
印　　张 12.5
字　　数 200 千字
版　　次 2013 年 11 月第 1 版
印　　次 2013 年 11 月第 1 次印刷
定　　价 28.00 元

投稿电话：020-83003364 83004106
网址：http://media.nfdaily.cn
发现印装质量问题，影响阅读，请与承印厂联系调换。